Die besten Schlachtrezepte

Anne's Küchenbibliothek

DIE BESTEN SCHLACHT- REZEPTE

Zusammengestellt
von Anne Hartgering

Landwirtschaftsverlag GmbH
Münster-Hiltrup

Landwirtschaftsverlag GmbH,
Postfach 48 02 49, 48079 Münster

© Landwirtschaftsverlag GmbH, Münster-Hiltrup
4. Auflage 1996

Umschlag und Illustrationen:
Thea Ross, Grafik + Design, Münster

Gesamtherstellung:
LV Druck im Landwirtschaftsverlag GmbH, Münster-Hiltrup

Gedruckt auf chlorfrei gebleichtem Papier

Printed in Germany

ISBN 3-7843-2773-7

Inhaltsverzeichnis

Inhaltsverzeichnis

Es geht nichts über Hausgemachtes

Vielleicht gehören Sie, liebe Leserin, auch zu den Haufrauen, bei denen gekaufter Aufschnitt einst ganz hoch im Kurs stand.

Warum denn noch mühselig und zeitaufwendig selber wursten, haben Sie sich bestimmt gesagt, wenn es in jedem Supermarkt ein reichhaltiges Sortiment an feinen und frischen Wurstwaren gibt? Bei uns, im Land der Fleischesser, hat man immerhin die Auswahl zwischen insgesamt 1500 Wurstsorten. Da muß doch für jeden Geschmack das Richtige dabei sein! Oder?

Offenbar ist es das nicht! Denn nachdem jahrelang − auch auf dem Lande − kaum noch Hausmacherspezialitäten hergestellt wurden, steht die Wurst aus eigener Küche plötzlich wieder ganz hoch im Kurs.

So manche Familie ist den Einheitsgeschmack der gekauften Wurst nämlich inzwischen restlos leid geworden. Außerdem lehnen viele Leute aus Gesundheitsgründen den hohen Gehalt an (Pökel-)Salz, Fett, Emulgatoren, Farb- und Konservierungsstoffen in Fertigprodukten ab.

Wenn man seine Wurst selber macht, weiß man eben, was drin ist. Auch das ist ausschlaggebend dafür, daß Hausmacherwurst neuerdings eine wahre Renaissance erlebt.

Übrigens nicht nur in Landhaushalten ist das so. Auch in der Stadt wird es plötzlich modern, in kleinen Mengen Fleisch, Speck, Innereien und was man sonst noch so braucht, zu kaufen, um ein paar Leber-, Blut-, Mettwürste und andere fleischliche Genüsse so herzustellen, daß jeder (geschmacklich) voll auf seine Kosten kommt.

Was jetzt gefragt ist, sind natürlich gute Rezepte für hausgemachte Schlacht- und Wurstspezialitäten. In vielen Bauernfamilien sind sie noch

Es geht nichts über Hausgemachtes

vorhanden. Von Generation zu Generation sind sie teilweise weitergereicht worden. Und heute sind sie begehrter denn je.

Weil nicht jeder über solche Schätze verfügt, haben wir die Leserinnen des Landwirtschaftlichen Wochenblattes Westfalen-Lippe gebeten, ihre erprobten und gelobten Rezepte der Allgemeinheit, speziell all denen, die gern raffiniert wursten möchten, zur Verfügung zu stellen.

Unser Aufruf zum Schlachtrezeptwettbewerb im Frühjahr 1986 hatte ein überwältigendes Echo. Fast 1 000 Rezepte wurden eingeschickt. Wir danken an dieser Stelle nochmals allen Landfrauen ganz herzlich, daß sie ihre bisher gut gehüteten Geheimnisse preisgegeben haben.

Das Beste aus dieser Vielfalt haben wir für Sie ausgesucht und in diesem Buch zusammengefaßt. Darin finden Sie nicht nur bekannte Namen von Koch-, Brüh-, Brat- und Rohwürsten, sondern auch viel Ungewöhnliches aus der Wurstküche. Dazu gehören zum Beispiel Möpkenbrot, Rosinenleberwurst, Mosaikschinkenaufschnitt, Saures Eisbein und Eiermett, außerdem köstliche Pasteten, Wild- und Geflügeldelikatessen, Schinken und Rauchfleisch mit Variationen, Schmalz und Speck sowie diverse andere Gaumengenüsse rund ums Schlachtfest.

Wir wär's zum Beispiel mit Pfefferpotthast, Zungenragout, gebratenem Gehirn, Zigeunerbraten, Leberröllchen, Tellersülze nach Gutsfrauenart, Fleischkuchen, Schlemmerhappen oder Griebenplätzchen?

Läuft Ihnen jetzt das Wasser im Munde zusammen? Dann sollten Sie unsere Rezepte möglichst bald mal ausprobieren. Dabei werden Sie feststellen: Es geht nichts über Hausgemachtes!

Wir wünschen Ihnen beim Ausprobieren dieser Köstlichkeiten viel Freude, gutes Gelingen und guten Appetit.

Anne Hartgering

Lohnen sich Schlachten und Wursten überhaupt?

„Mir ist alles wurscht!" Das sagt derjenige, dem alles egal ist.
Wenn es jedoch um die Wurst geht, ist genau das Gegenteil der Fall. Da ist der fleischliebende und -verwöhnte deutsche Bundesbürger äußerst anspruchsvoll.

Ganz schön teuer

Das gilt sowohl für Qualität wie für Quantität. Ein großes Stück Fleisch zum Mittagessen ist für die meisten Leute heute ebenso selbstverständlich wie die dick mit Wurst belegten Schnitten zum Frühstück und Abendbrot.

Zum Verdruß der Ärzte und Ernährungswissenschaftler heißt bei vielen Bundesbürgern in punkto Fleisch- und Wurstverzehr das Motto: „Je mehr, desto besser!"

Doch das reißt ein ganz gewaltiges Loch in die Haushaltskasse. Ein Drittel des Wirtschaftsgeldes gibt die Hausfrau durchschnittlich nur für Fleisch- und Wurstwaren aus. In einem auf dem Lande üblichen 5- bis 8-Personen-Haushalt geht dabei so mancher Hundertmarkschein weg. Ein ganz schön teures Eßvergnügen also!

Hausschlachtung ist passé

Viel Geld läßt sich hier sparen, wenn man nicht alles fix und fertig kauft. Nur keine Angst! Wir wollen Ihnen jetzt keinesfalls empfehlen, Ihr Schwein, Rind oder Kalb selbst zu mästen und es zu Hause mit viel Aufwand und Dreck drumherum schlachten zu lassen.

Nein, es wird die Ausnahme sein und bleiben, daß man diese Prozedur auf sich nimmt, zumal

Lohnen sich Schlachten und Wursten überhaupt?

1. sogar viele Landwirte im Zuge der Spezialisierung nicht mehr bereit sind, ein Schwein, Rind und/oder Kalb für den Eigenbedarf zu mästen;
2. es in vielen Gemeinden aus hygienischen Gründen und wegen Problemen bei der Abwasserbeseitigung gar nicht mehr erlaubt ist, Hausschlachtungen vorzunehmen;
3. in modernen Bauernhäusern die nötigen Räume und Gerätschaften (z.B. große Kessel) für die Hausschlachtung fehlen.

Beim Metzger schlachten lassen

In der Regel ist es heute so, daß man das selbstgemästete bzw. zum günstigen Preis bei einem Nachbarn oder Bekannten gekaufte Tier bei einem Metzger schlachten läßt. Das ist am zweckmäßigsten, weil er über alle erforderlichen Gerätschaften zum Säubern, Zerteilen und Kühlen verfügt und den Abfall vorschriftsmäßig beseitigen kann.

Außerdem sorgt er für die notwendige Fleischbeschau. Und er zerteilt das Schlachttier wunschgerecht, so daß die Hausfrau die fertigen Teilstücke, Innereien, Blut und Därme nur noch abzuholen braucht, um zu Hause das Fleisch schnell einzupacken und den Rest zu verwursten.

Schlachttag ohne Strapazen

So verliert das Schlachten an Schrecken. Für ein Schwein beispielsweise reduziert sich der Zeitaufwand für die Hausfrau dabei von 16 bis 18,5 Stunden bei der Hausschlachtung auf rund 5 Stunden bei dem heute üblichen Verfahren. Die Strapazen für die Hausfrau haben sich also auf ein Minimum reduziert.

Auch der Geschmack spricht für das Selbstgemachte

Nicht nur finanziell und zeitlich betrachtet sind Schlachten und Wursten dadurch eine lohnende Sache.

Auch der Geschmack spricht dafür, Hausmacherspezialitäten herzustellen. Wer ist nicht den Einheitsgeschmack gekaufter Wurstwaren leid? Wenn Sie selbst wursten, können Sie vielmehr variieren und vor allem so würzen, wie es Ihnen gefällt.

Wer sich besonders gesund ernähren möchte, hat ferner die Möglichkeit, weniger Fett und (Pökel-)Salz zu nehmen sowie auf konservierende Zutaten, Emulgatoren, Stabilisatoren, Schüttwasser und ähnliche Ingredienzien zu verzichten. Auch das sind entscheidende Pluspunkte.

Lohnen sich Schlachten und Wursten überhaupt?

Für gute Fleischqualität sorgen

Aus geschmacklicher Hinsicht spricht noch etwas fürs Schlachten nach beschriebener Manier: Wenn Sie Ihr Schwein, Rind und/oder Kalb selbst mästen oder von einem Nachbarn bzw. Bekannten mästen lassen, haben Sie Einfluß auf die Fütterung. Je langsamer die Tiere schlachtreif gemacht werden, desto besser ist hinterher die Fleischqualität.

Mit wässrigem PSE-Fleisch, mißratenen Rohwürsten und Schinken haben Sie dann keine Probleme – vorausgesetzt, Sie machen bei der Verarbeitung alles richtig.

Lesen Sie im folgenden, was dabei alles zu beachten ist.

Weitere Pluspunkte

Vorweg sei zum Thema „Lohnen sich Schlachten und Wursten überhaupt?" jedoch auch noch dies gesagt:

1. Selbstgemachte Fleisch- und Wurstvorräte schonen nicht nur die Haushaltskasse, sondern sie machen auch unabhängig vom Einkaufen. In arbeitsreichen Zeiten ist das besonders wichtig.

Es ist ein beruhigendes Gefühl, genügend Fleisch und Wurst im Keller zu haben, so daß auch unangemeldeter Besuch jederzeit reichlich bewirtet werden kann.

2. Wenn Sie beste Fleisch- und Wurstspezialitäten aus eigener Küche auf den Tisch bringen, werden Sie vor allem bei Ihren Gästen viel Lob ernten. Das hebt das Selbstwertgefühl.

3. Hausmacherwurst ist – hübsch verpackt – ein preiswertes Mitbringsel. Mit solch einem ganz persönlichen Präsent, das es nirgendwo zu kaufen gibt, machen Sie besonders Ihren Freunden, Bekannten und Verwandten in der Stadt eine große Freude.

Nicht zuviel auf einmal machen

Sie müssen ja nicht gleich alles ausprobieren, was wir Ihnen in unserem Rezeptteil empfehlen. Damit das Schlachtfest nicht zum Streß wird, sollten Sie sich jeweils auf einige wenige Wurstarten beschränken. Das nächste Mal können Sie dann ja wieder etwas anderes machen.

Je rationeller Sie arbeiten, desto mehr Spaß werden Sie beim Einschlachten und Wursten haben. Unsere folgenden Hinweise sollen Ihnen dabei helfen.

Gut geplant ist halb geschafft

Wie beim Einmachen im Sommer oder beim Backen für Festtage fällt beim Schlachten eine Menge zusätzlicher Arbeit für die Hausfrau an.

Doch die läßt sich heute dank moderner Technik spielend bewältigen im Vergleich zu Großmutters Zeiten, als zum Beispiel Fleisch und Fett zeit- und kraftaufwendig mit der handbetriebenen Wurstemühle durchgedreht werden mußten. Erinnern Sie sich noch an die Strapazen?

Schlachttag vorbereiten

Neben den zur Verfügung stehenden technischen Hilfsmitteln gibt es eine weitere Möglichkeit, sich die Arbeit rund ums Wursten zu erleichtern. Das ist eine gute Vorbereitung des Schlachttages. Sie wissen doch: Gut geplant ist schon halb geschafft!

Generell sollten Sie in einer arbeitsarmen Zeit schlachten. Im Sommer hat man schon genügend anderes zu tun. Außerdem sind die warmen Temperaturen von Nachteil fürs Schlachten und Wursten. Am besten legen Sie den Schlachttermin in die Zeit von Oktober bis April. Es sollen die Monate mit „r" sein, sagt eine alte Regel.

Damit Fleisch und Wurst zügig verarbeitet werden können, ist folgendes vorzubereiten:

Gefriertruhe enteisen und saubermachen

Die Gefriertruhe oder der Gefrierschrank wird enteist und gründlich mit Essigwasser ausgewaschen. Das Enteisen geht am schnellsten, wenn Sie

Schüsseln mit kochendem Wasser in das Gerät stellen. Nach dem Auswaschen muß die Gefriertruhe bzw. der -schrank ganz trocken sein, bevor das Gerät wieder eingeschaltet wird.

Stellen Sie es 24 Stunden vor dem Einlagern der neuen Fleischvorräte auf „Superfrost". Dann ist nachher die nötige Kältereserve da, die gewährleistet, daß das Fleisch möglichst schnell durchfriert.

Gläser, Dosen und Pökelfaß spülen

Einkochgläser und die vorher abgeschliffenen Dosen werden gründlichst gespült. Sauberkeit ist beim Einkochen eiweißhaltiger Fleisch- und Wurstwaren noch viel wichtiger als beim Einmachen von Obst und Gemüse.

Denn Eiweiß verdirbt besonders leicht, wenn sich irgendwo im Glas oder in der Dose Keime oder Bakterien befinden. Dann war alle Mühe beim Wursten umsonst. Verdorbene Fleisch- und Wurstwaren sind genußuntauglich. Das gilt auch dann, wenn Gläser und Dosen aufgehen, der Inhalt aber noch nicht schlecht aussieht oder riecht.

Nehmen Sie sicherheitshalber für die Einkochgläser stets neue Gummiringe.

Gründlichst gereinigt wird auch das Pökelfaß. Es wird mit heißem Sodawasser ausgewaschen.

Alle Zutaten besorgen

Wenn Sie sich entschieden haben, welche Wurstsorten Sie herstellen wollen, können Sie einkaufen, was Sie brauchen:

Salz
Nitrit-Pökelsalz
Gewürze wie Pfeffer(-körner), Piment, Majoran, Thymian, Senfkörner, Muskat, Kardamom, Lorbeerblätter
Zwiebeln
Semmelmehl
Gerstengrütze oder Roggenschrot
eventuell Rindfleisch (wenn Sie nur ein Schwein schlachten)
ferner Kunstdärme
Wurstband
Gefrierbeutel in verschiedenen Größen
gefrierbeständiges Klebeband zum Verschließen der Beutel (das ist besser als Gummiringe oder Klipse)
sowie Etiketten.

Machen Sie sich einen Einkaufszettel, damit Sie nichts vergessen und auch wirklich alles im Hause haben, wenn Schlachttag ist. Wie ärgerlich ist es,

Gut geplant ist halb geschafft

wenn dann plötzlich etwas fehlt und extra jemand, dessen Hilfe eigentlich in der Wurstküche gebraucht wird, in die Stadt fahren muß.

Die Gewürze können Sie sich übrigens beim Schlachter besorgen. Bei Bedarf mischt er sie Ihnen auch gleich fix und fertig, wie Sie sie brauchen (zum Beispiel für Leberwurst oder Braunschweiger). Das ist empfehlenswerter, als industriell hergestellte Würzmischungen zu verwenden. Davon halten schlachterfahrene Hausfrauen nicht viel.

Alle Hilfsmittel bereitstellen

Am Vortag wird auch schon alles bereitgestellt, was man neben den bereits genannten Dingen braucht:

Eine Haushaltswaage zum Abwiegen der Fleisch- und Fettmengen
eine Briefwaage für die Gewürze
der elektrische Fleischwolf (soweit vorhanden, sonst wird er ausgeliehen)
scharfe Messer
Bretter
Schüsseln
große Töpfe
Einkochkessel
sowie „Kleinkram" wie Siebe, Schöpfkellen, Fleischgabeln usw.

Messer müssen ganz scharf sein

Nur wenn Sie die nötigen technischen Hilfsmittel haben, wird Ihnen das Wursten gelingen. Mit unscharfen Messern beispielsweise ist der Mißerfolg schon vorprogrammiert. Sie zerfasern das Fleisch, und die Wurst wird hinterher grau. Deshalb sind ganz scharfe Messer (auch im Fleischwolf!) äußerst wichtig.

Mindestens eine Wurstemühle brauchen Sie

Wenn Sie selbst keine große Küchenmaschine mit Fleischwolfvorsatz besitzen (eine Neuanschaffung lohnt bei einem Preis ab 500 DM selten) und Sie sich dieses Gerät auch nirgendwo ausleihen können, dann lassen Sie die Wurstzutaten (Fleisch, Fett, Schwarten, Leber usw.) besser beim Metzger durchdrehen. Das erleichtert Ihnen die Arbeit ganz erheblich. Und spart Zeit!

Haben Sie keinen elektrischen Fleischwolf zur Verfügung, brauchen Sie zum Stopfen der Würste wenigstens eine handbetriebene Wurstemühle.

Wenn Ihnen zum Garen der Kochwürste der früher übliche große Waschkessel fehlt, machen Sie es so: Hängen Sie die Würste an Schnesen in einen großen Weckkessel und decken Sie das Ganze fest mit Alufolie ab.

Was auch noch vorbereitet werden kann

Das zeitaufwendige Zwiebelschälen ist ebenfalls eine Arbeit für den Vortag: Das gleiche gilt für das Kochen der Pökellake (siehe Kapitel „Pökeln und Räuchern sind eine Kunst für sich").

Und auch dies sollten Sie vorbereiten: Das Mittagessen für den Schlachttag.

Wer hilft Ihnen?

Denken Sie ferner daran, eine Nachbarin oder Bekannte um Mithilfe zu bitten, sofern Sie keine Altenteilerin, (Schwieger-)Tochter oder Auszubildende haben, die Ihnen zur Hand geht. Allein werden Sie Mühe haben, ein ganzes Schwein oder halbes Rind zu verarbeiten. Gemeinsam geht's leichter, schneller, und es macht mehr Spaß. Ganz abgesehen davon , daß man manche Dinge (z. B. das Füllen und Zubinden der Würste) gar nicht allein erledigen kann.

So vorbereitet können Sie dem eigentlichen Schlachttag gelassen entgegensehen.

Das zerteilte Schlachttier

Das vom Metzger geschlachtete Schwein, Rind oder Kalb wird fachgerecht in Teilstücke zerlegt, bevor Sie es aus der Schlachterei abholen.

Wenn Sie wollen, können Sie bei diesem Arbeitsgang dabei sein. Da lernen Sie eine ganze Menge vom Fachmann, und Sie können dem Metzger genaue Anweisungen für die Zerteilung geben. Dann macht er Ihnen die Stücke so groß, wie Sie sie brauchen. So läuft nichts verkehrt.

Bei Bedarf können Sie dann auch gleich bestimmte Fleischstücke für die Wurst fein durchdrehen lassen.

Die folgenden Übersichten zeigen auch weniger schlachterfahrenen Hausfrauen, welche Teilstücke das Schlachttier hat und wozu sie hauptsächlich verwendet werden.

Das Schwein

1. Kopf und Backe

Kopffleisch wird hauptsächlich zu Kochwürsten verarbeitet.

2. Nacken (Kamm)

Dieser durchwachsene vordere Teil des Kotelettstranges eignet sich als Braten, als Kotelett, gepökelt und geräuchert als Kasseler Rippenspeer, gepökelt und getrocknet auch als Nackenschinken.

3. Dicke Rippe (Brust)

Dieses Teilstück mit grobfaserigem Fleisch kann gebraten, geschmort, gegrillt oder im Eintopf gekocht werden. Man kann es auch gepökelt und geräuchert als Räucherrippchen verwenden.

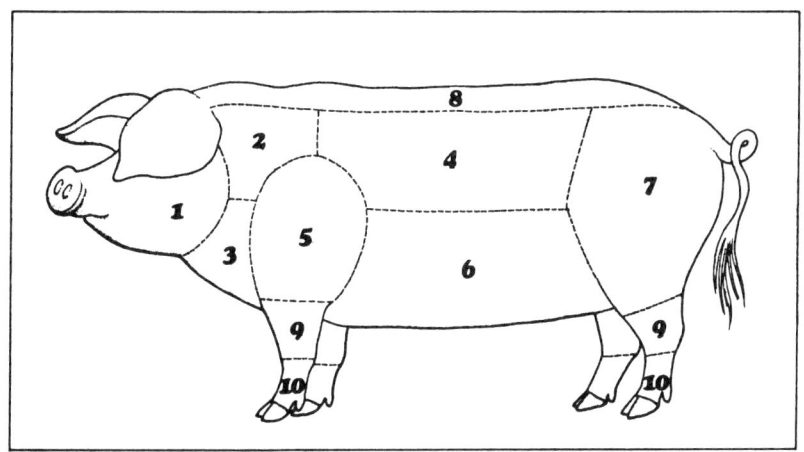

4. Kotelett (Karbonade)

Teilstücke werden als Stiel- oder Filetkotelett angeboten oder gepökelt oder geräuchert (Kasseler Kotelett). Beides ist besonders zum Kurzbraten und Grillen geeignet.

Ausgelöste Kotelettstücke ergeben zarte Braten. Beliebt ist der Rollbraten.

5. Vorderschinken (Schulter)

Das fettarme Fleisch wird für Mett, Hackfleisch, Braten und zum Pökeln verwendet.

6. Bauch

Bauchfleisch wird verwurstet, gekocht, gebraten, gegrillt, gefüllt, gesalzen und/oder geräuchert.

7. Schinken

Das beste Stück vom Schwein besteht aus Ober- und Unterschale, Nuß (Maus) und Hüfte (Schinkenspeckstück). Schinken wird roh und geräuchert oder gekocht als Aufschnitt verzehrt. Aber es werden auch gerne Braten, Schnitzel, Gulasch und Fondue daraus gemacht.

8. Rückenspeck

Dieses fette Schweineteil wird als lufttrockener Speck, als Schmalz, als Wurstzutat sowie zum Umhüllen von Pasteten verwendet.

Das zerteilte Schlachttier

9. Eisbein (Haxe)

Frisch oder gepökelt schmeckt Eisbein gekocht, gebraten oder gegrillt. Es wird ferner für Sülze verwendet, kann aber auch mit Mett gefüllt als Aufschnitt serviert werden.

10. Pfoten

Wegen ihrer hohen Gelierfähigkeit braucht man Pfötchen hauptsächlich zur Herstellung von Sülzen.

Innereien

Die Innereien Leber, Herz, Lunge, Nieren, Zunge werden zu Kochwürsten verarbeitet oder gebraten bzw. gekocht.

Bei Nieren müssen vorher die Harnwege und weißen Häute entfernt werden.

Wichtig für die Schweineverarbeitung

Schweinefleisch braucht nicht lange abzuhängen. 24 Stunden nach dem Schlachten können Sie es einfrieren bzw. zu Wurst verarbeiten. Lassen Sie es möglichst nicht länger als 48 Stunden liegen. Kochwurst kann allerdings sofort nach dem Schlachten hergestellt werden.

Fettes Schweinefleisch wird durch folgende Gewürze bekömmlicher: Kümmel, Wacholderbeeren, Senf, Curry, Koriander, Thymian und Rosmarin.

Das Rind

1. Nacken (Kamm)

Aus diesem Teilstück wird Hackfleisch, Gulasch und Schmorbraten gemacht. Es ist ein ideales Stück zum Kochen für Rindfleisch mit Zwiebelsoße.

2. Schulter (Bug)

Das Schulterstück wird bevorzugt als Braten, auch als Sauerbraten. Ein Teilstück aus der Schulter ist das falsche Filet, das allerdings nicht zum Kurzbraten geeignet ist.

3. Hohe Rippe (Zwischenstück)

Mit oder ohne Knochen eignet sich die hohe Rippe zum Kochen, Braten und Grillen.

4. Rostbeef

Das fettarme Stück vom Rind wird meist kurzgebraten, gebraten oder gegrillt sowie zum Fondue genommen.

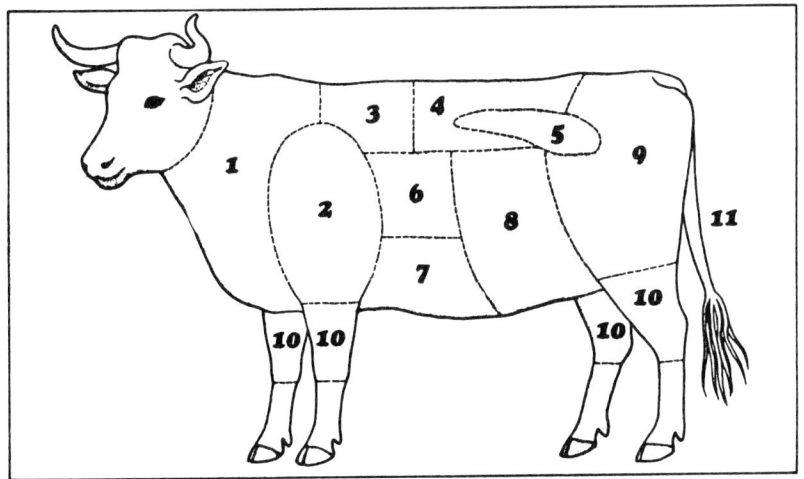

5. Filet
Dieses zarteste Rinderteilstück wird kurzgebraten. Es ist auch zum Grillen und für Fondue geeignet.

6. Querrippe
Dieses auch als Spann- oder Flachrippe bezeichnete Teilstück ist gut zum Kochen geeignet (für Eintöpfe).

7. Brust
Das fettdurchzogene Brustfleisch wird gekocht oder gepökelt.

8. Dünnung (Bauchlappen)
Dieses Fleisch wird gekocht, für Gulasch und Hackfleisch verwendet.

9. Keule
Die Keule mit ihren Teilstücken Oberschale, Unterschale und Nußstück nimmt man für Rouladen, Braten und Rauchfleisch. Das Hüftstück ist geeignet zum (Kurz-)Braten und für Fondue.

10. Beinscheiben
Vorder- und Hinterhesse ergeben (in Scheiben geschnitten) kräftiges Kochfleisch (vor allem für Suppen und Eintöpfe).

11. Schwanz
Das Schwanzstück kann man kochen, braten oder schmoren, für Suppe verwenden oder als Ragout servieren.

Das zerteilte Schlachttier

Innereien

Zunge, Leber und Nieren werden gekocht oder gebraten gegessen. Zunge kommt ferner in die Wurst, Rinderleber nicht, weil sie die Wurst bröckelig und bitter macht.

Das Rinderfett wird zu Talg und Pasteten verarbeitet.

Wichtig!

Rindfleisch muß mindestens acht Tage abhängen, bevor es eingefroren wird. Sonst wird der Braten hinterher zäh.

Das Kalb

1. Hals

Dieses Stück wird in Eintöpfen gekocht, für Gulasch, Frikassee und Ragout verwendet.

2. Brust

Das Bruststück mit Dünnung und Flanke eignet sich zum Braten, für Gulasch, Frikassee, Ragout und als gefüllte Kalbsbrust, mit Niere gefüllt als Kalbsnierenbraten.

3. Schulter

Die Kalbsschulter ist ein gutes Bratenstück. Sie schmeckt ferner als Geschnetzeltes, Ragout und Frikassee.

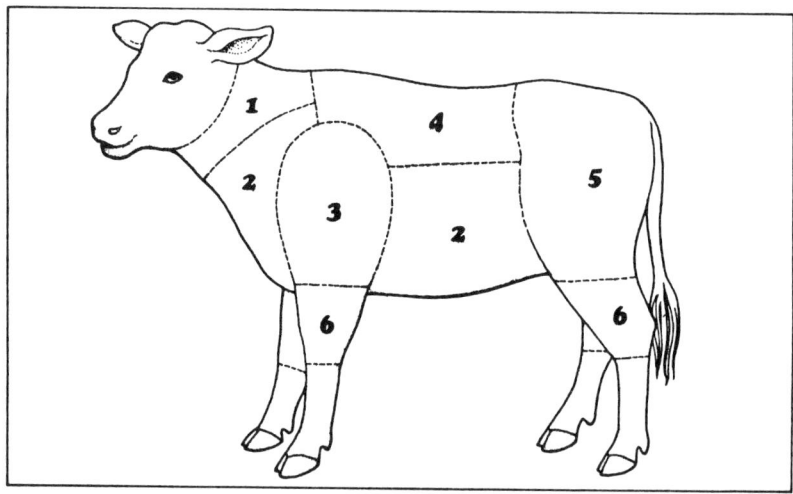

4. Rücken

Aus dem Kalbsrücken macht man Braten, Koteletts, Schnitzel oder Steaks. Das Filet wird vorher herausgelöst und kurzgebraten.

5. Keule (Schlegel)

Das hochwertige, zartfaserige Keulenstück wird für Braten, Rouladen, Schnitzel, Gulasch und Geschnetzeltes verwendet.

6. Haxen

Die Haxen eignen sich zum Braten, Schmoren, Grillen und Kochen (zum Beispiel für Suppen).

Innereien

Von den Innereien des Kalbes ist das Bries etwas Besonderes. Das ist die zarte Thymusdrüse. Sie wird paniert gebraten, für Ragout oder Pasteten verwendet. Vorher rund sechs Stunden wässern, dabei das Wasser gelegentlich erneuern. Dann Adern und Häute wegschneiden, das Bries kurz blanchieren und wie gewünscht weiter verarbeiten.

Fleisch portionsweise einfrieren

Egal ob Schweine-, Rind- oder Kalbfleisch: Was nicht in die Wurst kommt, als Schinken oder Rauchfleisch zubereitet wird, wandert in den Kälteschlaf. Da ist das Fleisch besser aufgehoben als im Einkochglas.

Für Notfälle (zum Beispiel, wenn unerwartet Besuch kommt) mag es ganz sinnvoll sein, ein paar Fleischvorräte im Einkochglas zu haben, weil sie schnell servierfertig sind. Aber weil das Einkochen so lange dauert (zwei Stunden), ist es empfehlenswerter, Fleisch einzufrieren.

Packen Sie es portionsweise ab, so wie Sie es später gebrauchen. Kleine, flache Päckchen frieren schneller durch. Das kommt der Qualitätserhaltung zugute.

Ein paar Tips zum Einfrieren

Gulasch und Rouladen können Sie, wenn Sie genug Hilfe am Schlachttag haben, fix und fertig vorbereitet einfrieren. Meistens hat man aber später mehr Zeit dafür.

Legen Sie zwischen Rouladenscheiben, Steaks und Kotelettstücke immer ein Stück Folie oder Pergamentpapier. Dann läßt sich das Fleisch später problemlos voneinander lösen.

Und noch ein Tip: Alle fettreichen Fleischwaren werden im Laufe der Zeit im Kälteschlaf ranzig. Nach vier Monaten sollten sie spätestens verbraucht sein.

21

Die Wurstherstellung

Worin sich Koch-, Brüh- und Rohwürste unterscheiden

Wurst aus eigener Küche gehört zu den besonders geschätzten Delikatessen vom Schlachtfest.

Damit die wertvollen Köstlichkeiten möglichst gut gelingen und sich lange halten, ohne an Qualität, Geschmack und Aussehen zu verlieren, sind folgende Grundregeln zu beachten:

1. Nur bestes Fleisch verwenden (kein PSE-Fleisch!).

2. Nehmen Sie keine überjährigen Gewürze. Sie haben ihre Würzkraft verloren. Und kaufen Sie auf jeden Fall frisches Pökelsalz. Wenn es lange steht, zersetzt es sich in seine einzelnen Bestandteile (Speisesalz und Nitrit).

3. Ganz sorgfältig, sauber und zügig arbeiten.

4. Stets (vor allem bei Rohwurst) mit ganz scharfen Messern schneiden. Stumpfe Schneidwerkzeuge zerfasern das Fleisch. Die Wurst wird dann grau.

Schneiden Sie Fleisch und Speck erst in Streifen oder grobe Würfel, bevor Sie beides durchdrehen.

5. Die in den Rezepten angegebenen Mengen und Gar- bzw. Sterilisierzeiten beachten. Nur schlachterfahrene Hausfrauen können es sich leisten, die Mengen über den Daumen zu peilen.

Abweichen von den Angaben können Sie jedoch unbesorgt bei den Gewürzen. Vielleicht schmeckt Ihnen manches milder oder schärfer oder ganz anders gewürzt besser. Hier können Sie ruhig ein wenig experimentieren.

Drei Wurstarten

Bei den Würsten unterscheidet man generell drei Arten:

1. Kochwürste
(zum Beispiel Leberwurst, Blutwurst, Sülze)

2. Brühwürste
(zum Beispiel Schinkenwurst, Jagdwurst, Würstchen)

3. Rohwürste
(zum Beispiel Plockwurst, Mettwurst, Zervelatwurst, Braunschweiger).

Sie unterscheiden sich nicht nur im Aussehen, in der Konsistenz und im Geschmack, sondern der größte Unterschied liegt wohl in der Art und Weise, wie sie hergestellt werden.

Dazu müssen Sie dies wissen:

Vorgegarte Zutaten kommen in Kochwürste

Kochwürste werden meistens aus vorgegartem Schweinefleisch, Schwarten, Innereien, Speck und teilweise Blut hergestellt. Die Zutaten werden fein zerkleinert, gesalzen und gewürzt und gut miteinander vermischt. Das können Sie per Hand oder mit dem Handrührgerät machen.

Die Wurstmasse wird locker in Kunstdärme, die man vorher fünf bis zehn Minuten kalt gewässert oder heiß ausgespült und dann tüchtig ausgeschlagen hat, gefüllt. Diese werden mit Wurstband zugebunden und in siedendem Wasser bei 75 bis 80 °C in einer Stunde gegart. Danach sofort in kaltem Wasser abkühlen. Dabei die Würste öfters wenden und massieren, damit sich das Fett gleichmäßig verteilt.

Sind die Würste ausgekühlt, hängt man sie in einem kühlen luftigen Raum auf. So trocknen sie nach. Sie können dann geräuchert und/oder eingefroren werden.

Sie können die Wurstmasse auch in Gläser und Dosen füllen. Wichtig: Die Gefäße dürfen nur zu drei Viertel gefüllt werden, weil sich die Wurstmasse beim Kochen ausdehnt. Sind Gläser und Dosen zu voll, quillt die Wurstmasse an den Rand, und die Gefäße können nicht richtig verschlossen werden. Vorsicht: Oft täuscht nach dem Erkalten das erstarrte Fett einen Verschluß vor.

Entscheidend ist bei der Kochwurstherstellung auch, daß Innereien, Schwarten und Blut stets ganz frisch verarbeitet werden. Die Zersetzung beginnt sehr schnell.

Noch ein paar Tips zur Kochwurstherstellung

1. Für Leberwurst ist Schweineleber zu empfehlen. Sie macht die Wurst streichfähiger sowie schöner in Farbe und Geschmack.

Die Wurstherstellung

Kalbsleberwurst wird mit Kalbfleisch und Schweineleber, nicht mit Kalbsleber hergestellt. Sonst wird die Wurst bröckelig.

2. Für Blutwurst ist Schweineblut vorzuziehen, weil es der Wurst eine bessere Farbe gibt.

3. Fleisch, Speck und Schwarten dürfen nicht zu lange vorgekocht werden; sonst geht das auf Kosten der Bindung und des Geschmacks.

4. Speckwürfel für Blutwurst werden kurz mit heißem Wasser überbrüht. Dann bleiben sie schön weiß und nehmen kein Blut auf.

5. Folgende Salzmengen brauchen Sie auf 1 kg Wurstmasse: bei Leberwurst 18 bis 20 g, bei Blutwurst 24 g, bei Sülze 22 bis 24 g.

6. Wer Wert legt auf eine rosafarbene Leberwurst, kann Pökelsalz zur Wurstmasse geben (höchstens 20 g auf 1 kg Wurstmasse).

7. Nicht zu viele Würste auf einmal sieden. Sie sollten so locker im Wasser schwimmen, daß sie sich nicht berühren.

Brühwürste kommen roh ins heiße Wasser

Im Gegensatz zu Kochwürsten werden Brühwürste meist aus fein durchgedrehten rohen Zutaten (Rind-, Schweinefleisch und Speck) hergestellt und anschließend in 75°C heißem Wasser eine Stunde gebrüht. Durch diese Erhitzung gerinnt das beim Zerkleinern freigelegte Eiweiß. So bekommt die Wurst ihr Gerüst und die nötige Schnittfestigkeit.

Die gebrühten Würste werden in kaltem Wasser abgekühlt und dann zum Nachtrocknen in einem kühlen Raum aufgehängt. Am nächsten Tag friert man sie ein.

Sollen die Brühwürste geräuchert werden, geschieht das mit Warmrauch (siehe Kapitel „Räuchern") vor dem Brühen. Wichtig ist, daß die Würste sofort nach dem Räuchern in 75°C heißes Wasser kommen.

Tips für die Brühwurstherstellung

1. Brühwürste werden im Gegensatz zu Kochwürsten fest gefüllt und knapp abgebunden.

2. Eine Faustregel sagt, daß die Würste pro 1 mm Durchmesser 1 Minute gebrüht werden müssen. Üblicherweise nimmt man Kunststoffdärme mit 60 mm Durchmesser.

3. Kontrollieren Sie mit einem Thermometer, daß die Brühtemperatur 70°C nicht unterschreitet und auch nicht über 75°C klettert.

4. Mit Pökelsalz erzielen Sie eine schöne rote Farbe. Aber nehmen Sie nur Kochsalz, wenn die Wurst gebraten oder gegrillt werden soll. Sonst können sich Nitrosamine bilden, die im Verdacht stehen, Krebs zu erzeugen.

Rohwürste sind besonders beliebt

Weder vor, noch nach der Wurstherstellung werden Rohwürste einer Hitzebehandlung unterzogen. Sie werden aus rohem, grob- oder feinzerkleinertem Rind- und/oder Schweinefleich, Speck, Salz und Gewürzen hergestellt.

Um eine schöne rote Farbe zu erzielen, nimmt man meistens Pökelsalz. Auch rote Gelatine (drei Blatt auf 5 kg Mett) oder etwas Blut bewirken die gewünschte Farbe.

Durch Reifen, Trocknen und Räuchern werden die Würste haltbar. Man nennt sie auch Dauerwürste, weil sie nicht weiter konserviert werden müssen. Deshalb verlangt die Rohwurstherstellung ganz besondere Sorgfalt. Wenn es an der Hygiene hapert, ist der Verderb unausbleiblich.

Tips fürs gute Gelingen bei Rohwurst

1. Nur das Fleich von gut ausgemästeten, nicht zu jungen Tieren hat den erforderlichen niedrigen Wassergehalt und die nötige Festigkeit.

2. Es empfiehlt sich, zwei Tage altes Schweinefleisch und drei Tage altes Rindfleisch zu verarbeiten, weil dann das richtige Säureverhältnis im Fleisch herrscht. Viel Säure bewirkt eine bessere Haltbarkeit der Wurst.

3. Der Speck für Rohwurst muß fest sein. Weicher Rückenspeck von jungen Schweinen macht die Wurst weich und schmierig.

4. Je kälter die Zutaten verarbeitet werden, desto besser gelingt die Rohwurst.

5. Die Würste müssen sehr fest gestopft und ganz knapp abgebunden werden. Miteingefüllte Luft führt zur Hohlraumbildung.

6. In einem kühlen Raum (10 bis 15 °C) mit rund 80 Prozent Luftfeuchtigkeit werden die Würste so aufgehängt, daß sie sich nicht berühren. Berührungspunkte sind stets Ansatzstellen für Fäulniserreger.

Ist der Trockenraum zu kalt, zu warm, zu feucht oder zu trocken, können die Würste nicht richtig reifen. Das führt zu Wurstfehlern und Qualitätsverlusten.

Wichtig: Dauerwurst muß zweimal pro Woche mit lauwarmem Wasser abgewaschen werden, damit sie von außen nicht zu sehr trocknet. Der sich eventuell bildende Schimmel wird damit entfernt.

Haben Sie nur einen trockenen Keller zum Reifen der Rohwürste, dann hilft Ihnen folgender Trick: Lassen Sie einmal pro Woche eine Schüssel mit kochendem Wasser unter den Würsten verdampfen. Das erhöht die Luftfeuchtigkeit.

Auch dies hilft gegen zu schnelles Trocknen: Füllen Sie die Wurstmasse in selbstgenähte Nesselhüllen und ziehen Sie die zugebundenen Würste ganz leicht durch flüssiges Schmalz. Das verschließt einen Teil der Darmporen, so daß die Wurst weniger Feuchtigkeit verliert.

7. Nach etwa drei bis sechs Wochen ist die Rohwurst umgerötet und trocken genug. Dann wird sie bei 18 bis 22°C eine Woche lang in Intervallen geräuchert. Je länger Sie mit dem Räuchern warten, desto besser wird die Wurst.

Liegen die Rauchtemperaturen höher, zerfließt das Wurstfett und verstopft die Poren von innen. Dann „erstickt" die Wurst.

8. Wenn Sie keinen idealen Aufbewahrungsraum für die Rohwurst haben, dann bevorraten Sie sie in Folie verpackt in der Gefriertruhe. Da bleibt sie schön frisch, ohne an Qualität und Geschmack zu verlieren.

Woraus und wie man Schinken macht

Eine der begehrtesten und wertvollsten Schlachtspezialitäten ist der Schinken. Hand aufs Herz: Läuft Ihnen nicht auch das Wasser im Munde zusammen, wenn Sie an deftigen Knochenschinken oder saftigen Kochschinken denken!

Doch neben diesen beiden gibt es auch noch andere Schinkendelikatessen. Wir sagen Ihnen, welche und wie man sie herstellt.

Das Fleisch, aus dem die Schinken sind

Landläufig versteht man unter Schinken das frische oder auch haltbar gemachte Fleisch aus der Keule des Schweines. Aber daneben wird auch manches andere Teilstück als Schinken bezeichnet.

Zu unterscheiden sind dabei zunächst die beiden großen Gruppen Rohschinken und Kochschinken.

Rohschinken

Beim Rohschinken wird das Fleisch ähnlich wie bei der Rohwurst keiner Wärmebehandlung unterzogen. Es wird lediglich durch Salzen bzw. Pökeln, Räuchern und Trocknen haltbar gemacht. Dadurch bekommt es auch seinen typischen Geschmack.

Die bekanntesten Rohschinken sind folgende:

1. Knochenschinken

Er besteht aus der ganzen Schweinekeule mitsamt Speck, Schwarte und Knochen. Er hat von allen Schinken die längste Reifezeit (mindestens drei Monate). Vorher wird er gesalzen bzw. gepökelt und kalt geräuchert.

2. Rollschinken

Die Schweinekeule wird von Schwarte und Röhrenknochen befreit. Weil das Knochenauslösen recht schwierig ist, lassen Sie das am besten vom Metzger machen.

Ohne Knochen hat der Schinken keinen Halt. Deshalb wird das Fleisch nach dem Pökeln fest aufgerollt und mit Küchengarn stramm umwickelt. Dann wird der Rollschinken kalt geräuchert.

3. Nußschinken

Dies ist das kleine Teilstück aus der Schweinkeule. Nußschinken ist mager, weil die Fettschicht weggeschnitten wird. Er wird gepökelt, getrocknet, in eine Schweineblase gefüllt und so zwei bis drei Tage kalt geräuchert.

4. Lachsschinken

Dieser Schinken kommt nicht aus der Keule. Er wird vielmehr gemacht aus dem besten inneren Teilstück des Kotelettstranges junger, kräftiger Schweine. Das Fleisch muß völlig mager, sehnen- und hautfrei sein. Es wird dünn mit Speck umwickelt, in Naturdarm oder Folie eingeschlagen, mild gepökelt und so lange kalt geräuchert, bis das Fleisch schön rot ist.

5. Schinkenspeck

Die magere Schweinehüfte mit Schwarte wird gepökelt und kalt geräuchert.

6. Rinderschinken = Rauchfleisch

Aus knochenlosen Teilstücken der Keule des Rindes wird durch Pökeln, kaltes Räuchern und Trocknen ebenfalls eine Art Schinken hergestellt. Dieses fettarme Stück nennt man Rauchfleisch, Nagelfleisch oder Hast.

Kochschinken

Schinken dieser Kategorie werden nach dem Pökeln in einer runden oder viereckigen Form gekocht und dann meistens tiefgefroren bevorratet. Kochschinken sind schneller anschnittfertig als Rohschinken.

Zwischen folgenden Kochschinken haben Sie die Wahl:

1. Gekochter Hinterschinken

Ausgelöste Teile aus der Schweinekeule werden mit Schwarte mild gepökelt, kurz (30 Minuten) heiß geräuchert, fest in Tücher gewickelt oder in eine Form gepreßt und je nach Größe zwei bis drei Stunden bei schwacher Hitze gekocht.

Woraus und wie man Schinken macht

2. Gekochter Vorderschinken

Feinschmecker bevorzugen gekochten Schinken aus dem Schulter- bzw. Bugstück des Schweines. Er ist etwas fetter und schmeckt vielen Leuten deshalb besser.

Die ausgelöste Schweineschulter wird ebenso behandelt wie vorher beschrieben.

3. Kasseler Rippenspeer

In die Reihe der Kochschinken gehört auch das Kasseler Rippenspeer. Es besteht aus dem Rückenstück des Schweines, wird mild gepökelt, leicht heiß geräuchert, gegart und dann gleich warm gegessen.

4. Rindersaftschinken

Dies ist ein Kochschinken aus der Rinderkeule. Er wird ganz leicht gepökelt und gekocht.

Speck

Ähnlich wie Rohschinken wird auch Speck hergestellt. Junge und schnell gemästete Schweine haben fast gar keine Fettschicht mehr. Je älter und besser ausgemästet das Tier ist, desto besser können Sie Speck gewinnen.

Die Rücken- oder Bauchfettschicht wird mit Schwarte tüchtig gesalzen oder gepökelt, eventuell kalt geräuchert, aber auf jeden Fall getrocknet.

Pökeln und Räuchern

A und O für den Erfolg in der Schinkenherstellung sind neben der guten Fleischqualität das Pökeln und das Räuchern. Sie dienen durch Abtötung von Bakterien einerseits der Haltbarmachung. Andererseits sind es aber auch gerade diese beiden Prozesse, die dem Schinken den typischen Geschmack geben.

Im folgenden Kapitel „Pökeln und Räuchern sind eine Kunst für sich" erfahren Sie, worauf es dabei ankommt.

Pökeln und Räuchern sind eine Kunst für sich

Zu den ältesten Haltbarmachungsverfahren, die es gibt, gehören Pökeln und Räuchern. Schon unsere Vorfahren wußten, daß man durch Salz und Rauch Bakterien abtöten kann.

Doch nur mit Kochsalz wird heute kaum noch gepökelt. Meist nimmt man zusätzlich Salpeter (bei Schinken und Rohwürsten) oder spezielles Pökelsalz. Dadurch erzielt man eine schöne rote Farbe.

Am 2., spätestens am 3. Tag pökeln

Das Pökeln hat bei der Schinkenherstellung drei Aufgaben zu erfüllen:

1. Durch die Wirkung von Nitrit-Pökelsalz wird das rohe Fleisch vor Bakterien und Verderb geschützt. In so hohen Salzkonzentrationen können keine Bakterien leben.

2. Umrötung

3. Geschmacksverbesserung.

Wichtig ist beim Schinkenpökeln, daß das Fleisch spätestens am dritten (besser am zweiten) Tag nach der Schlachtung in ein mit heißem Sodawasser ganz sauber ausgewaschenes Pökelfaß kommt und dies möglichst kühl (5 bis 12°C) aufgestellt wird. Kühle Temperaturen und Hygiene sind hier oberstes Gebot. Sonst ist der Verderb vorprogrammiert.

Verschiedene Pökelverfahren

Für den rohen und gekochten Hausmacherschinken kommen drei Pökelverfahren in Frage: Trockenpökelung, Naß- bzw. Lakepökelung und Schnell- bzw. Spritzpökelung.

30

Pökeln und Räuchern sind eine Kunst für sich

Folgende Unterschiede bestehen dabei:

1. Trockenpökelung

Am gebräuchlichsten ist im Haushalt die Trockenpökelung. Dabei wird das zurechtgeschnittene Fleisch tüchtig mit grobkörnigem Kochsalz oder Pökelsalz eingerieben.

Nehmen Sie nicht mehr Pökelsalz, als in den jeweiligen Rezepten angegeben ist. Denn Pökelsalz besteht zu 99,6 Prozent aus Speisesalz und zu 0,4 Prozent aus Nitrit. Letzteres ist nicht ganz unumstritten. Es besteht nämlich der Verdacht, daß Nitrit beim Erhitzen oder im menschlichen Körper in Nitrosamine umgewandelt wird und damit Krebs auslösen kann. Also Vorsicht bei der Dosierung von Pökelsalz!

Entscheidend ist, daß Sie stets ganz frisches Pökelsalz nehmen. Es zersetzt sich, wenn es gelagert wird.

Wenn es Ihnen auf die schöne rote Farbe des Schinkens oder der Wurst nicht so ankommt, können Sie auch ganz aufs Pökelsalz verzichten. An Geschmack und Haltbarkeit ändert das nichts.

Empfehlenswert ist die Zugabe von etwas Zucker (1 gestrichener Teelöffel Zucker auf 50 g Salz). Das fördert die Pökelung, macht das Fleisch wohlschmeckender und haltbarer.

Das Grundrezept fürs Trockenpökeln lautet: 50 kg Fleisch, 3 kg Kochsalz, 60 g Zucker und 30 g Pökelsalz.

Wenn man die gut gekühlten Fleischstücke dick mit Salz, etwas Pökelsalz und Zucker sowie Gewürzen nach Geschmack eingerieben hat, legt man sie in das mit Salz ausgestreute Pökelfaß und streut nochmal Salz darüber, bevor das nächste Stück Fleisch darauf gelegt wird. Alle Lücken gut mit Salz füllen und alles mit Salz bedecken, dann das Pökelfaß schließen.

Was passiert nun? Durch die wasseranziehende Kraft des Salzes wird dem Fleisch Feuchtigkeit entzogen. So bildet sich im Pökelfaß eine Lake. Damit nicht nur eine Fleischseite in dieser Lake liegt, wird das Fleisch alle paar Tage gewendet. So dringen die Pökelstoffe auch besser ins Fleisch ein. Das kommt dem Geschmack zugute.

Wie lange braucht der Schinken, bis die Pökelung abgeschlossen ist? Eine Faustregel sagt: Pro 1 kg Fleisch 1 Woche trockenpökeln.

Ist die Pökelzeit um, wird die Lake abgeschüttet. Dann läßt man den Schinken noch drei bis vier Tage im Pökelfaß liegen.

Dieses „Nachbrennen" macht den Schinken mürbe und zart.

Dann wird der Schinken einige Stunden in kaltes Wasser gelegt. Je länger er darin liegen bleibt, desto milder wird der Geschmack. Dann wird das

Pökeln und Räuchern sind eine Kunst für sich

Fleisch lauwarm abgewaschen, trockengerieben und zwei bis drei Tage zum Trocknen aufgehängt, bevor es kalt geräuchert wird.

Vorteil der Trockenpökelung: Sie ergibt einen sehr festen, haltbaren Schinken. Nachteile: Der hohe Gewichtsverlust und die lange Pökeldauer.

2. Naß- bzw. Lakepökelung

Bei der Naßpökelung wird das Fleisch in eine Lake gelegt und so gepökelt.

Das Grundrezept für die Pökellake lautet: 4 l Wasser, 700 g Salz, 80 g Zucker, 20 g Pökelsalz.

Wasser wird mit Salz und Zucker aufgekocht, abgeschäumt und abgekühlt. Dann rührt man das Pökelsalz hinein.

Die Naßpökelung wird im Haushalt gern für Eisbein, halbe Köpfe, Kasseler Rippenspeer, Schulterstücke, Bauchspeck und Zunge angewendet.

Wollen Sie Rauchfleisch naßpökeln, geben Sie ein Glas Rotwein mit in die Pökellake. Das macht das Fleisch schön dunkelrot.

Die Pökellake muß über dem Fleisch stehen. So eingeschichtet bleibt das Pökelfaß 14 Tage kühl stehen. Dann hängt man die warm abgewaschenen Fleischstücke für ein bis zwei Tage zum „Nachbrennen" und Trocknen auf, bevor sie kalt geräuchert werden.

3. Schnell- bzw. Spritzpökelung

Nur für Kochschinken, Kasseler und Wurstwaren ist die Schnellpökelung geeignet. Dabei wird die Pökellake an mehreren Stellen in 5 cm Abstand in das Fleisch gespritzt. Das kann nur der Metzger machen!

Das gespritzte Fleisch bleibt noch zwei Tage in einer Pökellake liegen, wird einen halben Tag luftig zum Trocknen aufgehängt und anschließend heiß geräuchert.

Kalt oder heiß räuchern?

Das Räuchern von Schinken und Würsten dient in erster Linie der Konservierung, daneben aber auch der Geschmacksverbesserung. Schließlich erzielt man durchs Räuchern noch eine schöne Farbe, was wesentlich zur Appetitanregung beiträgt.

Beim Räuchern unterscheidet man zwei verschiedene Verfahren: Das Kalträuchern und das Heißräuchern, wobei die Bezeichnungen schon fast alles sagen.

So wird's gemacht:

1. Kalträuchern

Rohe Schinken und Würste dürfen nur kalt geräuchert werden, das heißt bei Rauchtemperaturen von 15 bis 30°C. Ist der Rauch heißer, schmilzt das Fett und die Randschichten trocknen aus.

Der Kaltrauch dringt langsam, aber sicher in das Innere von Fleisch und Wurst vor. Je größer der Durchmesser, desto länger dauert das natürlich. Für einen Schinken braucht man schon mehrere Wochen (zwei bis vier), für Dauerwurst acht bis 14 Tage, für Blut- und Leberwurst ein bis zwei Tage. Man kann jeden Tag einmal räuchern oder im Abstand von mehreren Tagen.

Geräuchert wird so: Die gut abgetrockneten Würste und Schinken werden am Schnesen mindestens 1 m über einer Feuerstelle aufgehängt. Zum Verfeuern nimmt man ganz trockenes Buchensägemehl, das schön gleichmäßig verglimmt. Gibt man Wacholderbeeren, Zwiebellaub oder andere würzende Zutaten dazu, bekommt der Rauch eine besondere Note und das Geräucherte einen feineren Geschmack.

Geräuchert wird in einer speziellen Räucherkammer, die eine Frischluftzufuhr haben muß, damit sich kein Ruß an den Fleischwaren absetzt, oder in einem Räucherschrank, der in einem trockenen Kellerraum aufgestellt werden sollte.

Wenn Sie weder das eine, noch das andere besitzen, dann lassen Sie Ihre Schinken und Würste bei einer Nachbarin oder beim Metzger räuchern. Das ist bequemer und preiswerter, als sich einen Räucherschrank zu kaufen oder eine Räucherkammer einzurichten.

2. Heißräuchern

Beim Heißräuchern arbeitet man mit Temperaturen von 45 bis 90°C. Soviel Hitze vertragen nur Kochschinken und Kasseler-Erzeugnisse.

Heißgeräuchert wird mit Spiritus und Sägespänen. Das ist nicht ganz ungefährlich. Deshalb überlassen Sie das Heißräuchern besser dem Metzger. Es sei denn, Sie haben ein kleines Heißräuchergerät (Preis : etwa 150 DM), das aber nur Platz für fünf bis sechs Würste bietet.

Das Heißräuchern dauert 30 bis 60 Minuten. In dieser kurzen Zeit erhalten die Fleischwaren ein zartes Raucharoma.

Das Heißräuchern bewirkt im Gegensatz zum Kalträuchern keine längere Haltbarkeit. Heißgeräucherte Waren sind also zum Sofortverzehr bestimmt. Oder man friert sie ein.

Wurst und Schinken richtig lagern

Wer mit viel Eifer und einigem Aufwand in eigener Küche Wurst und Schinken hergestellt hat, möchte diese Köstlichkeiten natürlich so bevorraten, daß sie möglichst lange frisch bleiben und dabei weder an Aussehen noch Geschmack verlieren.

Das gelingt Ihnen, wenn Sie diese Ratschläge beachten:

1. Kochwürste im Darm werden eingefroren. Je fetter die Wurst, desto eher muß sie verbraucht werden. Sonst wird das Fett ranzig, der Geschmack ist dahin.

In Gläsern oder Dosen sterilisierte Kochwurst wird in einem trockenen, kühlen Kellerraum dunkel gelagert.

2. Brüh- und Bratwürste sind sehr schnell verderblich. Deshalb kommen sie sofort nach der Herstellung in die Gefriertruhe.

3. Rohwürste können Sie nach dem Räuchern ebenfalls einfrieren. Das sollten Sie unbedingt tun, wenn Sie keinen idealen Lagerraum haben.

Rohwürste halten sich nur, wenn der Raum eine Temperatur von 5 bis 18°C hat. Ist es wärmer, schmilzt das Wurstfett und verstopft die Poren, der Inhalt der Wurst erstickt.

Die Luftfeuchtigkeit muß 75 bis 80 Prozent betragen. Liegt sie höher, werden die Würste schmierig und schimmelig. Ist sie niedriger, trocknen die Würste vor allem in den Randzonen stark aus. Sie werden dann innen ranzig und hohl.

Die Würste müssen luftig, aber nicht zugig aufgehängt werden. Auch Zugluft trocknet sie aus.

34

Wurst und Schinken richtig lagern

Die Würste dürfen sich nicht berühren. Solche Stellen sind nämlich schnell Brutstätten für Fäulniserreger und Schimmel.

Ferner schadet Helligkeit den Rohwürsten. Das UV-Licht läßt das Fett ranzig werden. Das erkennen Sie an der gelblichen Fettfarbe.

4. Geräucherter roher Schinken wird besonders gern von Maden und anderen Schädlingen befallen. Geben Sie ihnen keine Chance. Lagern Sie den Schinken wie Rohwurst: Kühl (bis 10°C), dunkel, luftig (aber nicht zugig) und bei 75 bis 80 Prozent Luftfeuchtigkeit.

Schinken muß wie Wurst immer hängend gelagert werden.

Vor Fliegen schützen Sie den Schinken, indem Sie Fliegendraht vor den Kellerfenstern anbringen. Oder Sie bewahren das edle Fleischstück in einem luftdurchlässigen Leinensack auf.

Zur Schädlingsabwehr bei Schinken haben sich auch diese Hausmittel bewährt:

● mit einem schmierfähigen Brei aus Senf, Salz und Pfeffer bestreichen;

● oder mit geschlagenem Eiweiß bepinseln und mit Pfeffer bestreuen.

Verteilen Sie diese Mittel besonders an den Knochenstellen recht großzügig.

5. Kochschinken wird eingefroren.

Wenn Sie das alles beachten, müßten Sie mit Ihren Hausmacherwürsten und -schinken eigentlich Erfolg haben.

Wie sich Wurstfehler vermeiden lassen

Nur mit einem guten Rezept und besten Zutaten gelingt Ihnen noch keine wohlschmeckende und dauerhafte Wurst.

Pannen vermeiden

Es kommt schon darauf an, auch folgende Dinge zu bedenken, wenn man Erfolg in der Wurstküche haben und die gängigen Wurstfehler vermeiden will:

1. Verwenden Sie nur Fleisch von gut ausgemästeten Tieren, die ohne großen Streß geschlachtet worden sind. Nehmen Sie wässeriges PSE-Fleisch von jungen Tieren, kommt es beim Trocknen leicht zur Hohlraumbildung im Wurstinneren.

2. Sauberkeit und Sorgfalt sind oberstes Gebot im Umgang mit Fleisch und Blut. Das gilt auch noch beim Pökeln und Räuchern.

3. Vertrödeln Sie keine Zeit. Vor allem Blut und Leber zersetzen sich leicht und müssen schnellstens verarbeitet werden.

4. Verwenden Sie nur ganz scharfe Messer. Besonders in der Rohwurstherstellung ist das wichtig. Sind die Schneidwerkzeuge stumpf, wird das Fleisch zerfasert und die Wurst grau.

5. Die Wurstmasse für Rohwurst muß lange genug tüchtig geknetet werden, bis sie „bindet". Und sie muß ganz fest in die Därme gestopft werden. Jedes Miteinfüllen von Luft führt zur Hohlraumbildung.

6. Lagern Sie Wurst und Schinken nicht zu warm und nicht zu trocken (siehe voriges Kapitel). In den Kellern zentralbeheizter Häuser ist diese Gefahr groß.

Bei Trockenheit hilft dies: Einmal pro Woche eine große Schüssel mit kochendem Wasser unter den Würsten verdampfen lassen. Rohwürste zweimal pro Woche mit lauwarmem Wasser abwaschen.

Woran Fehler liegen

Wenn Wurstfehler auftreten, können sie diese Ursachen haben:

● Schimmelig oder schmierig wird die Wurst, wenn sie zu feucht und zu warm gelagert wird.

● Grüne Flecken im Wurstanschnitt sind ein Zeichen für Bakterien. Sie treten auf, wenn kein einwandfreies Fleisch verarbeitet wurde, Brühwürste nicht heiß genug gebrüht wurden oder die Wurst feuchtwarm gelagert wurde.

● Die Wurst schrumpft, wenn sie zu stark oder zu lange austrocknet.

● Grieselig wird Kochwurst (zum Beispiel Leberwurst), wenn sie nach dem Kochen nicht mehrmals gewendet wird. Nur so verteilt sich das Fett gleichmäßig.

● Nicht schnittfest genug ist Blutwurst, wenn die Schwarten zu weich gekocht worden sind.

● Sauer werden Kochwürste, wenn das Rohmaterial nicht einwandfrei oder die Brühtemperatur zu niedrig war oder feuchtwarm gelagert wurde.

● Dauerwürste verblassen in der Farbe, wenn das Pökelsalz zu alt, das Fleisch schlecht durchgekühlt, die Reifungsdauer zu kurz, die Temperatur während des Abhängens zu niedrig war oder zu kalt gelagert wurde.

● Ein grauer Rand deutet auf Reifung in feuchtkalter Luft hin.

● Ist der Kern grau, war der Reiferaum zu trocken, zugig oder zu warm.

● Hat die Dauerwurst Hohlräume, kann das an Zugluft im Lagerraum liegen, an miteingefüllter Luft oder an falschem Wurstmaterial.

● Ranzig schmeckt Rohwurst, wenn die Messer zum Fleischschneiden nicht scharf genug waren oder zu hell, zu warm bzw. zu lange gelagert oder zu heiß geräuchert wurde.

25 Tips, Tricks und Kniffe

In den vergangenen Kapiteln haben wir Ihnen das kleine Einmaleins des Schlachtens und Wurstens vermittelt. In diesen Erläuterungen haben Sie sicher auch so manchen guten Tip entdeckt, den Sie bisher noch nicht kannten.

Zusätzlich nennen wir Ihnen jetzt noch ein paar Tricks und Kniffe, die zum guten Gelingen beim Schlachtfest beitragen:

1. Binden Sie die Speckschwarten für Kochwürste zusammen und legen Sie sie oben in den Brühkessel. Weil sie nur eine kurze Garzeit haben, können Sie sie hinterher schnell herausnehmen, ohne in der Brühe fischen zu müssen.

2. Leberwurst bleibt schön hell, wenn man die Leber ein paar Minuten in der Brühe mitkocht oder kurz mit kochendem Wasser übergießt. Aber der Lebergeschmack leidet darunter.

3. Fügen Sie der Brühe für die Kochwurstzutaten Suppengrün zu. Dann bekommt alles einen kräftigeren Geschmack.

4. Speckwürfel für die Blutwurst werden mit heißem Wasser übergossen. Dann zieht das Blut nicht hinein, und der Speck bleibt schön weiß.

5. Umwickeln Sie die Streifen von Zunge und Herz für Blutwurst mit Speckscheiben. Das ergibt ein apartes Muster beim Anschnitt.

6. Decken Sie im Glas eingekochte Leberwurst oben mit einer Speckscheibe ab. Dann wird sie nicht dunkel.

7. Wenn die Kochwurst nicht so fett sein soll, stellen Sie die Wurstbrühe kalt und nehmen das Fett ab.

8. Dosen und Gläser mit Wurstmasse dürfen nur drei Viertel voll gemacht werden, weil die Masse beim Einkochen quillt.

9. Fleisch und Wurst dürfen nicht im Backofen eingekocht werden, weil Luft die Hitze schlechter leitet als Wasser. Für das leicht verderbliche Eiweiß ist das entscheidend.

Außerdem könnte man beim Einkochen von Wurst im Backofen nicht erkennen, wann die Sterilisierungstemperatur erreicht ist. Hier perlt nichts wie beim Einkochen von Obst und Gemüse.

10. Gläser und Dosen mit heißem Inhalt werden in heißes Wasser gestellt. Ist der Inhalt kalt, stellt man sie in kaltes Wasser.

Kommen die Dosen und Gläser mit kaltem Inhalt in heißes Wasser, erreicht letzteres zu früh die vorgeschriebene Einkochtemperatur, während die Wurstmasse noch nicht genügend erhitzt ist.

Die Folge: Die vorgeschriebene Einkochzeit, die sich natürlich auf den Gläserinhalt bezieht, wird nicht eingehalten. Mißerfolge sind dann unausbleiblich, weil in der zu kurzen Erhitzungszeit nicht alle Keime und Bakterien abgetötet werden können.

11. Wenn Sie sich an alte Rezepte halten, sollten Sie die vorgegebenen Zeiten für das Kochen reduzieren. Ein junges Schwein ist schließlich schneller gar als eine alte Sau. Die heutigen Schlachttiere sind alle jünger als früher.

Auch die in Omas Zeiten üblichen Salz- und Pökelsalzmengen sollten Sie reduzieren. Soviel braucht man heute bei besserer Wursttechnik und besseren Haltbarmachungsmöglichkeiten nicht mehr.

12. Pökeln Sie nicht in einem zu trockenen Kellerraum. Sonst verkrustet das Salz und zieht keine Feuchtigkeit mehr aus dem Fleisch. Dann haben Fäulniserreger freie Bahn.

Ist die Luft im Keller zu trocken, wird soviel Wasser zum Salz gegeben, daß es sich feucht anfühlt.

13. Wenn sich bei der Reifung von Rohwürsten in den ersten beiden Wochen ein schmieriger weißer Belag bildet, waschen Sie ihn einfach ab.

14. Rohwürste bekommen auch ohne Pökelsalz eine schöne rote Farbe. Geben Sie Blut oder aufgelöste rote Gelatine an die Wurstmasse. Rotwein, Rum und Kognak verbessern nur den Geschmack, nicht die Farbe.

15. Lassen Sie Rohwürste unter optimalen Bedingungen sechs bis acht Wochen reifen, bevor Sie sie räuchern. Das verbessert Konsistenz und Geschmack.

16. Bei allen Fleischwaren, die Essig enthalten (zum Beispiel Sülze, Saure Rolle) verfeinert etwas Zucker den Geschmack.

25 Tips, Tricks und Kniffe

17. Schinken bekommt auch einen feinen Geschmack, wenn man ihn mit Eichensägemehl räuchert. Am besten ist aber Buchensägemehl.

18. Frieren Sie Fleisch und Wurst in kleinen Portionen und flach abgepackt ein. So frieren sie schneller durch. Das kommt der Qualität zugute.

19. Knochenenden (zum Beispiel bei Kasseler Rippenspeer) werden mit Alufolie umwickelt und dann in Gefrierbeutel gepackt. Dadurch wird die Folie nicht so leicht beschädigt. Jedes Loch führt zu Gefrierbrand, das heißt, das Fleisch trocknet aus.

20. Verzichten Sie auf den Einsatz des Folienschweißgerätes beim Einfrieren von Fleisch und Wurst. Wenn Fett an die Folie kommt, schließt das Gerät die Naht nicht mehr luftdicht ab.

21. Schlachten Sie möglichst in der kalten Jahreszeit (in den Monaten mit „r" sagt eine alte Regel). Dann gelingen Schinken und Dauerwürste besser.

22. Wenn Sie Därme vom Schwein oder Rind für die Wurstherstellung verwenden, müssen Sie sie so reinigen: Wenden, zweimal mit einem Löffel abschaben, mit Salz abreiben, damit sich der Schleim löst, und schließlich in Essig-Zwiebel-Wasser legen, um einen angenehmen Geruch zu erzielen.

23. Papierdärme werden vor dem Füllen 5 bis 10 Minuten in kaltes Wasser gelegt oder ausgespült. Dann läßt sich die Pelle später leicht von der Wurst abziehen, ohne daß etwas daran hängen bleibt.

24. Ein natürliches Abwehrmittel gegen Schinkenmaden ist dies: Bestreichen Sie den Schinken mit Senf oder Eischnee und bestreuen Sie ihn mit Pfeffer und eventuell noch etwas Salz.

25. Zuguterletzt sei auch dies nochmal deutlich gesagt:
Sauberkeit ist oberstes Gebot beim Schlachten und Wursten!

Aber glauben Sie bloß nicht das alte Ammenmärchen, eine Frau sei „unsauber", wenn sie ihre Regelblutung hat. Auch an den sogenannten „kritischen Tagen" können Sie schlachten und wursten. Ihre Regel hat nichts mit dem Erfolg oder Mißerfolg beim Schlachtfest zu tun!

Kochwürste und Sülzen

Landleberwurst

5 kg Schweinefleisch,
1 kg Schwarten,
2 kg Schweineleber,
500 g Zwiebeln,
Lorbeerblätter,
Pfefferkörner,
160 g Pökelsalz,
10 g Pfeffer,
1 Teelöffel Majoran,
1 Teelöffel Thymian,
Muskatblüte.

Das Fleisch mit Pökelsalz, Pfefferkörnern, Lorbeerblättern und Zwiebeln 1 Stunde kochen. Nach ½ Stunde die Schwarten dazugeben. Nicht zu weich kochen lassen. Schwarten, Fleisch und rohe Leber nach Belieben durch die grobe oder ganz feine Scheibe des Fleischwolfes drehen. Die Masse mit den Gewürzen und etwas Brühe vermengen. In Därme füllen und 1 Stunde bei 75 bis 80 °C sieden lassen.

Tip: Lassen Sie Muskat weg und würzen Sie stattdessen mit Bohnenkraut, Kardamom und Piment.

Wenn das Fleisch von einem älteren Schwein stammt, muß es länger als angegeben gekocht werden (etwa 2 Stunden).

Fein gewürzte Leberwurst

1 kg Schweinefleisch
(zum Beispiel vom
Kopf),
1 kg fetter Schweine-
bauch mit Schwarte,
1 kg Schweineleber,

Fleisch, Schweinebauch, Sellerie, Möhren, Porree und Zwiebeln etwa 1 Stunde schwach kochen lassen. Alle gekochten Zutaten und die rohe Leber durch die 4,5-mm-Scheibe des Fleischwolfes drehen. Gewürze, Salz und etwas Brühe dazugeben. Alles gut durchmischen. In Därme oder Do-

41

Kochwürste und Sülzen

½ Sellerieknolle,
2 große Möhren,
1 Stange Porree,
4 dicke Zwiebeln,
60 g (= 3 schwach ge-
häufte Eßlöffel) Salz,
2 gestrichene Eßlöffel
schwarzer gemahlener
Pfeffer,
2 Eßlöffel Majoran,
etwas Thymian,
2 Tassen Brühe.

sen füllen. Würste 1 Stunde bei 75 bis 80 °C sieden lassen. Dosen in 1 Stunde bei 98 °C sterilisieren.

Tip: Sie können dieser Leberwurst auch noch 2 Knoblauchzehen hinzufügen. Sie werden geschält, in Butter angedünstet, bis sie glasig sind, und mit den gekochten Zutaten durchgedreht.

Würzige Leberwurst im Glas

250 g Schweinenacken
(ohne Knochen),
650 g Schweinebauch
(ohne Schwarte),
500 g fetter frischer
Speck (ohne Schwarte),
500 g Leber,
100 g Schweine-
schmalz,
50 g Zwiebeln,
50 g Porree,
10 g Schnittlauch,
40 g Salz,
10 g gemahlener
weißer Pfeffer,
je 1 Messerspitze
Kardamom und Ingwer,
je 1 Teelöffel Majoran
und Thymian,
etwas brauner Kandis.

Schweinenacken, Bauchfleich und Speck in zweifingerdicke Scheiben schneiden; in 80 °C heißem Wasser 30 Minuten sieden lassen (nicht kochen!). Fleisch und Speck aus der Brühe nehmen und abkühlen lassen.

Zwiebelringe und Porreescheiben in Schmalz goldgelb dünsten. Kandis in etwas Wasser auflösen.

Das noch warme Fleisch mit der rohen Leber, Zwiebeln und Porree durch die feine Scheibe des Fleischwolfes drehen. Gehackten Schnittlauch, Gewürze, Kandis etwas Brühe und Fett von der Brühe zu der Wurstmasse geben, bis sie aussieht wie Grießbrei.

Die Masse in Gläser füllen und bei 98 °C in 1 Stunde einkochen.

Wahlburger Leberwurst

2 kg rohe Schweine-
leber,
4 kg gekochtes
Schweinefleisch,
1 l fette Zwiebelbrühe,
3 Teelöffel gemahlener
Thymian,
je 2 Teelöffel

Fleisch und Leber ganz fein durchdrehen. Alle anderen Zutaten dazugeben; abschmecken. Den Wurstbrei in kleine, mit heißer Brühe ausgespülte Pergamentdärme füllen. In 80 °C heißem Wasser 50 Minuten sieden lassen.

gemahlener Ingwer,
Majoran und
weißer Pfeffer,
150 g Salz.

Kräuterleberwurst

500 g gekochtes Bauch-
fleisch (ohne Schwarte),
200 g Schweineleber,
100 g Zwiebeln,
etwas Butter,
50 g Sardellenpaste,
⅛ l Brühe, je 1 Eßlöffel
Thymian und Majoran,
gemahlener Pfeffer und
Kräutersalz nach
Geschmack.

Bauchfleisch und Leber fein durchdrehen. Zwiebeln schälen, fein würfeln und in Butter glasig
dünsten; zur Fleischmasse geben. Die Sardellenpaste mit der warmen Brühe verrühren und unter
die Wurstmasse mischen. Gewürze und Kräutersalz dazugeben. Alles gut durchkneten. Die
Wurstmasse in Gläser füllen und bei 98 °C in 1
Stunde sterilisieren.

Zwiebelleberwurst

2 kg fetter Schweine-
bauch mit Schwarte,
300 g Kalbfleisch,
500 g Schweineleber,
250 g Zwiebeln,
60 g Salz, 3 gestrichene
Eßlöffel weißer Pfeffer,
1 Eßlöffel Majoran,
2 gestrichene Teelöffel
gemahlener Piment,
je 1 gestrichener Tee-
löffel gemahlene
Muskatnuß,
gemahlener Ingwer
und Zimt,
2 Tassen Kochbrüche.

Schweinebauch 1 ½ Stunden kochen. Leber und
Kalbfleisch 5 Minuten brühen. Zwiebeln schälen,
in Stücke schneiden und kurz anbraten. Alle
Zutaten durch die 3-mm-Scheibe des Fleischwolfes drehen. Gewürze, Salz und Brühe dazugeben.
Alles gut durchmischen. In Därme füllen und bei
80 °C 1 Stunde sieden lassen.

Kochwürste und Sülzen

Pilzleberwurst

500 g Schweinebauch
mit Schwarte,
250 g Rückenspeck
mit Schwarte,
1 kg Schweineleber,
500 g Zwiebeln,
500 g Champignons,
40 g Salz,
grüne Pfefferkörner,
Majoran, Thymian.

Schweinebauch und Rückenspeck in Wasser weichkochen; herausnehmen. Die Leber kurz in die Brühe tauchen, bis sie grau wird. Alles fein durchdrehen. Mit den Gewürzen und den Champignons vermischen und gut durchkneten. Die Wurstmasse in Gläser oder Dosen füllen und bei 98 °C in 1 Stunde sterilisieren.

Trüffelleberwurst

2 kg Leber,
2 kg Schweinebauch,
750 g Speck,
3 Teelöffel Thymian,
2 Teelöffel Majoran,
2 Teelöffel gemahlener
weißer Pfeffer,
120 g Salz,
150 g gekochte feinge-
wiegte Trüffeln,
3 Eier.

Schweinefleisch kochen, entschwarten und erst grob, dann fein durchdrehen. Leber entsehnen, in Streifen schneiden und mit kochender Brühe übergießen. Ebenfalls zweimal durchdrehen. Den Speck feinwürfelig schneiden. Alles mischen. Gehackte Zwiebeln, gekochte Trüffeln, Eier, Gewürze und etwas Brühe dazugeben. Gut durchkneten. Die Masse in Därme füllen und 40 bis 50 Minuten in 80 °C heißem Wasser sieden (nicht kochen!) lassen.

Rosinenleberwurst

1,5 kg Schweineleber,
1,5 kg Kalbfleisch,
1,5 kg Rückenspeck,
100 g Rosinen,
100 g gehackte süße
Mandeln;
pro Pfund Leberwurst-
masse: 12 g Salz,
1 g weißer Pfeffer,
je 1 Messerspitze
Anis und Zimt.

Leber, Fleisch und Rückenspeck mäßig gar kochen. Fein durchdrehen und gut vermengen. Rosinen, Mandeln und Gewürze dazugeben. Alles gut durchkneten. Die Leberwurstmasse in Därme füllen und in 80 °C heißem Wasser 1 Stunde sieden lassen.

Rinder-Leberwurst

5 kg Schweineleber,
5 kg Schweinebauch,

Schweinebauch mit Lorbeerblatt, Zwiebeln, Sellerie, Porree und Salz nicht zu weich kochen. Aus

44

10 kg Rindfleisch,
1 kg Reis,
1 Paket Grütze,
Lorbeerblätter,
Zwiebeln, Sellerie,
400 g Salz,
etwas Pökelsalz,
40 g Pfeffer,
geriebene Muskatnuß,
Piment, Majoran,
Thymian,
1 Päckchen Vanillin-
zucker, etwas Maggi
und Mehl.

der Brühe nehmen. In dieser Brühe Reis und Grütze kochen.

Rindfleisch ebenfalls mit Lorbeerblatt, Zwiebeln, Sellerie, Porree und Salz weichkochen. Aus der Brühe nehmen. Alles einen Tag stehen lassen. Dann die Rinderbrühe ganz entfetten. Das ist sehr wichtig! Wenn nämlich Rinderfett in die Leberwurst kommt, wird die Wurst bröckelig.

Schweine- und Rindfleisch sowie die rohe Leber durch die mittlere Scheibe des Fleischwolfes drehen. Grütze und Reis ganz fein durchdrehen. Alles mischen. Die heißgemachte Schweinefleischbrühe dazugeben sowie etwas Rindfleischbrühe. Gut durchkneten. Mit Pökelsalz, Pfeffer, Muskat, Piment, Majoran, Thymian, Vanillinzukker und Maggi würzen. Zum Schluß abwechselnd etwas Mehl und Rinderbrühe dazugeben, bis eine gute Bindung entsteht. Die Masse in Därme füllen und bei 80 °C 1 Stunde sieden lassen.

Kalorienarme Leberwurst

3,5 kg Rückenstück vom
Schwein, 1 Zwiebel,
400 g Leber,
30 g Pökelsalz,
50 g Salz, 8 g Pfeffer,
Leberwurstgewürz
(oder Thymian
und Majoran).

Leber in 1 cm breite Streifen schneiden. Mit Pökelsalz bestreuen und 3 Stunden stehen lassen. Rückenstück mit Zwiebel in Salzwasser garkochen. Das Fleisch ablösen und mit der Leber ganz fein durchdrehen. Die Leber vorher mit heißer Brühe übergießen. Die Wurstmasse mit Fleischbrühe auffüllen. Würzen. Die Masse gut durchkneten, in Gläser oder Dosen füllen und bei 98 °C in 60 Minuten sterilisieren.

Diätleberwurst

1 kg mageres Rind-
fleisch,
1 l Wasser,
200 g Rinderleber,
100 g Weizenvoll-
kornmehl,
4 Teelöffel Salz.

Das Rindfleisch in Wasser gar kochen. Dann zusammen mit der rohen Leber ganz fein durchdrehen. Mit Vollkornmehl, Salz und etwas Brühe tüchtig durchkneten. In kleine Gläser füllen und bei 98 °C in 1 Stunde einkochen.

45

Kochwürste und Sülzen

Zungenwurst

1 Schweinezunge,
1 Schweineherz,
1 kg Schwarten,
800 g mageres
Schweinefleisch,
60 g Salz, 1 Zwiebel,
5 g Pfeffer, 5 g Nelken-
pulver, 5 g Majoran,
75 g zerlassenes Fett,
1 l gut verrührtes
Schweineblut.

Zunge, Herz, Schwarten und Fleisch nicht zu weich kochen. Alles in Würfel schneiden (Zunge eventuell in Streifen). Alles zusammen mit Salz, Gewürzen, Fett und Blut gut durcharbeiten. Die Wurstmasse lose in weite Därme füllen. Darauf achten, daß die Zungenstücke gleichmäßig darin verteilt sind. Bei 80 °C 60 bis 90 Minuten sieden lassen.

Feine Zungenwurst

1 gepökelte Rinder-
zunge (ca. 1 kg),
1 l Schweineblut,
1 kg Schwarten,
50 g Pökelsalz,
2 gestrichene Eß-
löffel weißer Pfeffer,
1 gestrichener Eßlöffel
gemahlener Piment,
2 Teelöffel Majoran,
1 Teelöffel Thymian,
2 gestrichene Teelöffel
gemahlene Nelken,
1 Prise Zimt,
1 gestrichener Teelöffel
gemahlener Ingwer.

Rinderzunge im Dampfdrucktopf garen, enthäuten, in Würfel (1,5 cm) schneiden. Schwarten weichkochen (60 Minuten), zweimal durch die feine Scheibe drehen. Heißes Blut über die Zungenwürfel schütten und zum Schwartenbrei geben. Salz und Gewürze untermengen. Alles gut durcharbeiten. In Gläser, Dosen oder Därme füllen. 90 Minuten einkochen oder 60 Minuten brühen.

Hausmacherblutwurst

2,5 kg Schweinefleisch
(zum Beispiel Bauch-
fleisch),
Lunge, Herz, Nieren,
¾ bis 1 kg Schwarten,
Speckwürfel,
2 bis 2 ½ l angewärmtes
Blut, ½ l Milch,
150 g Pökelsalz,
8 g Nelken-
pfeffer (= Piment).

Schweinefleisch, Lunge, Herz, Nieren und Schwarten 1 Stunde kochen und dann in kleine Stücke schneiden. Speckwürfel überbrühen, sonst zieht das Blut hinein. Das warme Blut durchsieben und alle Zutaten gut vermengen. Die Masse in Därme füllen und 1 Stunde bei 80 °C sieden lassen.

Tip: Wichtig ist, daß die Schwarten heiß verarbeitet werden.

Delikateßblutwurst

4 kg durchwachsenes
Schweinefleisch,
1 ¼ kg Schwarten,
1 kg Leber,
200 g Salz,
25 g Pfeffer,
15 g Nelkenpulver,
15 g Majoran,
10 g Kümmel, 10 g Zimt,
frisches Schweineblut.

Fleisch und Schwarten nicht zu weich kochen. Beides ebenso wie die Leber in feine Würfel schneiden. Salz, Gewürze und Blut dazugeben. Gut vermischen. Die Masse darf nicht zu fett sein. In weite Schweinedärme füllen. 50 bis 60 Minuten sieden lassen.

Süße Blutwurst mit Rosinen

500 g mageres
gekochtes Schweine-
fleisch,
500 g fettes Schweine-
fleisch,
500 g Semmelmehl,
¼ l Blut,
¾ l Wurstebrühe,
200 g Zwiebeln, Salz,
Pfeffer, Thymian,
Majoran, Nelken,
Zucker, abgeriebene
Zitronenschale (alles
nach Geschmack),
100 g Rosinen,
100 g Mehl.

Das magere und das fette Fleisch sowie die gedünsteten Zwiebeln durch die grobe Scheibe des Fleischwolfes drehen. Mit Blut, Salz, Gewürzen, in der Brühe eingeweichtem Semmelmehl und Rosinen in einen großen Kochtopf geben. Mehl mit Wasser anrühren und dazugeben. Das Ganze dickkochen. Die noch warme Wurstmasse in Naturdärme füllen und in 80 C warmem Wasser sieden lassen.

Tip: Braten Sie die süße Blutwurst in der Pfanne und servieren Sie sie zu Kartoffelsalat oder pikanten Gemüsesalaten.

Einfacher Schwartenmagen

500 g Schwarten,
500 g Zwiebeln,
500 g dicke Rippe,
2 Schweineöhrchen,
Wasser,
3 Eßlöffel Salz,
Pfeffer, Essig,
1 kg Rindermett.

Schwarten, dicke Rippe, entknorpelte Öhrchen und Zwiebeln gut mit kaltem Wasser bedecken und zum Kochen bringen. 1½ Stunden kochen lassen. Das Fleisch in feine Würfel schneiden. Schwarten durch die feine Scheibe des Fleischwolfes drehen. Die Brühe durchsieben; herzhaft mit Salz, Pfeffer und Essig abschmecken. Alle übrigen Zutaten dazugeben. Gut durchmischen. 20 Minuten stehen lassen. Dann in Därme füllen und 1½ bis 2 Stunden in 80°C heißem Wasser sieden lassen.

Kochwürste und Sülzen

Pikanter Schwartenmagen

2 ½ kg Schweinefleisch (zum Beispiel Kopf, Rippe), ½ kg Schwarten; je 1 kg Wurstmasse: 2 g gemahlener weißer Pfeffer, 2 g Ingwer, 1 g Piment, 2 g Kümmel, 1 bis 2 Zwiebeln, 24 g Salz.

Fleisch und Schwarten einige Tage pökeln. Dann abwaschen und in wenig Wasser weichkochen. Die Knochen auslösen, das Fleisch in Würfel schneiden. Die Schwarten ein- oder zweimal fein durchdrehen. Alles mischen. Gewürze, fein gewürfelte und in Fett gedünstete Zwiebeln, Salz und Brühe nach Bedarf dazugeben. Die Wurstmasse in Magen oder Blase füllen und je nach Größe 1 ¼ bis 2 Stunden mehr ziehen als kochen lassen.

Einfache Sülze

1 kg Schweinefleisch, 2 Schweinepfötchen, 2 bis 3 l Wasser, Suppengrün, 1 Lorbeerblatt, Salz, Pfeffer, Zwiebeln, Essig.

Fleisch und Pfötchen in Wasser mit Lorbeerblatt, Salz, Pfeffer, Zwiebeln und Essig weichkochen. Fleisch in Würfel schneiden. Die durchgesiebte, abgeschmeckte Brühe dazugeben. In beliebige Formen füllen und erkalten lassen.

Wenn nötig, wird die Sülze mit Gelatine angedickt.

Frische Sülze
(zum Sofortverzehr)

500 g Schweinepfötchen, 250 g Schweineschwarten, 250 g Schweinefleisch, 2 l Wasser, 1 Eßlöffel Salz, 1 große Zwiebel, 2 Eßlöffel Gurkengewürz, 2 Lorbeerblätter, 1 bis 2 Gewürzgurken, 4 Eßlöffel Essig.

Die gereinigten Schweinepfötchen mit Salz und kaltem Wasser ansetzen und 60 Minuten kochen lassen. In die kochende Flüssigkeit Fleisch, Schwarten, Zwiebel und Gewürze geben. 1 ½ bis 2 Stunden kochen lassen. Das Fleisch und die Schwarten aus der Brühe nehmen und in Würfel schneiden. Brühe durchsieben. Fleisch-, Schwarten- und Gurkenwürfel dazugeben. Mit Essig abschmecken. Die Masse in eine mit kaltem Wasser ausgespülte Form geben und nach dem Erkalten stürzen.

Feine Sülze

4 Kalbsfüße,
1 kg Kalbfleisch,
2 Kalbszungen,
1 kg mageres Schwei-
nefleisch,
$\frac{1}{2}$ l Weißwein,
$\frac{1}{4}$ Glas starker
Essig,
1 Zitronenscheibe,
2 Lorbeerblätter,
2 große Zwiebeln,
6 Schalotten, 3 Möhren,
Pfefferkörner,
Nelken, Salz,
1 kg Champignons,
10 Blatt Gelatine,
1 Glas Madeira, Trüffel.

Kalbsfüße, -fleisch, -zungen und Schweinefleisch mit soviel kaltem Wasser aufsetzen, daß sie bedeckt sind. Wein, Essig, Zitronenscheibe, Lorbeerblätter, Zwiebeln, Schalotten, Möhren, Salz, Pfeffer und Nelken dazugeben. Das Fleisch weichkochen. Die Brühe durchsieben, Champignons darin garen. Aufgelöste Gelatine in der Brühe auflösen, Madeira dazugeben. Das Fleisch in Würfel schneiden; lagenweise mit Champignons und Trüffeln in Gläser füllen. Brühe lauwarm darübergießen. Die Sülze bei 98 °C in 1 Stunde sterilisieren.

Tip: Wenn die Brühe trübe ist, wird sie mit 4 gut verschlagenen Eiweiß geklärt.

Wer säuerliche Sülze mag , gibt Saft von 1 Zitrone an die Brühe.

Bunte Schweinesülze

2,5 kg Schweine-
pfötchen,
1 Eßlöffel weiße
Pfefferkörner,
4 Lorbeerblätter,
je 2 Teelöffel Salz
und Koriander,
10 Pimentkörner,
1 Teelöffel
gekörnte Brühe,
2 Knoblauchzehen,
500 g Schweinenacken,
375 g Möhren,
150 g Sellerieknolle,
150 g Zwiebeln,
100 g Maiskölbchen
(aus dem Glas),
4 Eßlöffel Weinessig,
6 Blatt Gelatine.

Pfötchen mit den Gewürzen in 3 l Wasser aufsetzen und 1 Stunde kochen lassen. Dann das Fleisch dazugeben. Nach einer weiteren halben Stunde das Gemüse zufügen und alles zusammen noch 30 Minuten kochen. Alles durch ein Sieb abgießen. Fleisch von den Knochen lösen und in Würfel schneiden. Möhren und Maiskölbchen ebenfalls in Scheiben schneiden, Sellerie würfeln. Alles miteinander mischen. 1½ l Kochbrühe mit Weinessig abschmecken und gequollene Gelatine darin auflösen. Über die Fleisch-Gemüse-Mischung gießen, in Formen füllen und fest werden lassen.

Kochwürste und Sülzen

Sülzwurst

1 kg weichgekochte Schwarten,
1 kg mageres Schweinefleisch,
500 g Speck, Salz, Pfeffer,
gemahlene Nelken,
Kardamom, Kümmel,
Pistazien,
Majoran, etwas Brühe.

Schwarten, Schweinefleisch und Speck in feine Würfel schneiden. Gewürze dazugeben und alles gut mischen. Wenn die Masse zu fest ist, Brühe (und eventuell auch noch etwas Schweineblut) dazugeben. Die Wurstmasse in weite Därme oder in eine Schweineblase füllen und in der Brühe bei 85°C 2 Stunden sieden lassen. Nach dem Erkalten zwischen sauberen Brettern vorsichtig pressen und dann 8 bis 10 Tage räuchern.

Brüh- und Bratwürste

Schinkenwurst

1 kg mageres
Schweinefleisch,
1 kg Rindfleisch,
500 g Speckwürfel,
1 l Wasser,
50 g Pökelsalz,
1 g Pfeffer,
½ g Muskat,
1 Zwiebel,
125 g Kartoffelmehl.

Schweine- und Rindfleisch mit den Gewürzen und der Zwiebel ganz fein durchdrehen. Kartoffelmehl dazugeben und gut durcharbeiten. Langsam das Wasser und Pökelsalz zufügen. Zuletzt die Speckwürfel untermengen. Die Wurstmasse in feste Därme füllen, 1 bis 2 Stunden heiß räuchern, dann 1 Stunde in 75 °C warmem Wasser ziehen lassen.

Tip: Sie können die Schinkenwurst auch ohne Speckwürfel herstellen.

Sauerländer Fleischwurst

2 kg Rindfleisch,
2 kg Schweinefleisch,
¾ kg fetter Speck,
200 g Kartoffelmehl,
1 l Wasser,
90 bis 100 g Pökelsalz,
Pfeffer und Muskat
nach Geschmack,
1 bis 2 Eßlöffel
Senfkörner.

Rind- und Schweinefleisch durch die feine Scheibe des Fleischwolfes drehen. Speck in Würfel schneiden. Alles mit den Gewürzen und dem in Wasser angerührten Kartoffelmehl sehr gut vermengen. In Papierdärme füllen, einen Tag hängen lassen, dann 1 bis 2 Stunden heiß räuchern. Anschließend bedeckt mit Wasser ¾ bis 1 Stunde bei 75 °C ziehen lassen.

Tip: Diese Wurst kann sehr gut eingefroren werden.

Brüh- und Bratwürste

Einfache Jagdwurst

4 kg Schweinefleisch,
2 kg Rindfleisch,
1 kg Kalbfleisch,
1 kg Speck,
200 g Pökelsalz,
etwas Zucker,
16 g gemahlener
weißer Pfeffer,
1 l kochendes Wasser.

Rindfleisch durch die feine, Schweinefleisch durch die grobe Scheibe des Fleischwolfes drehen. Speck in Würfel schneiden. Fleisch und Speck mit den übrigen Zutaten mischen und gründlich durchkneten. Die Masse in breite Papierdärme füllen und sofort 24 Stunden stark räuchern. Dann die Würste bei 75 °C 2 Stunden lang sieden lassen.

Tip: Diese Wurst eignet sich sehr gut zum Einfrieren.

Feine Jagdwurst

3,5 kg nicht zu fettes
Schweinefleisch,
1,5 kg Rindfleisch,
80 g Pökelsalz,
40 g Jagdwurstgewürz,
35 g Senfkörner,
1 bis 2 Eßlöffel frischer
grüner Pfeffer,
5 Eier, ¾ bis 1 l Wasser.

Das Fleisch ganz fein durchdrehen. Eier und Gewürze dazugeben. Gut durchkneten. Das Wasser zuletzt in 2 oder 3 Portionen zufügen. Die Wurstmasse in Kochwurstdärme füllen und in 75 °C warmem Wasser 60 Minuten sieden lassen. Leicht räuchern.

Tip: Vorsicht beim Brühen. Wenn die Temperatur 80 °C übersteigt, platzen die Würste.

Jagdwurst im Glas

2,5 kg Rindfleisch,
2,5 kg Schweinenacken
(oder Vorderschinken),
2,5 kg Speck, 10 Eier,
1 bis 2 Päckchen Senf-
körner, 1 Prise Muskat,
75 g Salz, 75 g Pökelsalz,
15 g Pfeffer, 70 g Binde-
mittel (vom Metzger).

Fleisch und Speck fein durchdrehen. Eier, Gewürze und Bindemittel dazugeben. Gut durchkneten. Die Wurstmasse in Gläser füllen und 2 Stunden bei 98 °C sterilisieren.

Tip: Diese Jagdwurst schmeckt hervorragend als Aufschnitt. Sie kann aber auch in dicke Scheiben geschnitten und paniert schön braun gebraten werden. So paßt sie zu allen warmen Gemüsegerichten. Das ist ideal, wenn es mittags oder abends schnell gehen muß.

Jagdwurst in der Dose

4 kg mageres
Schweinefleisch,

Schweinefleisch grob und Rindfleisch fein durchdrehen. Speck in kleine Würfel schneiden. Alle

1 kg Rindfleisch,
1 kg Speck,
¼ bis ½ l Wasser,
Jagdwurstgewürz,
120 g Salz.

Zutaten kräftig miteinander vermengen. Die Wurstmasse in Dosen füllen und bei 98°C 1½ Stunden einkochen.

Eingekochte Mettwurst

1 kg Schweinefleisch,
500 g Bauchfleisch
vom Schwein,
30 g Salz,
1 Teelöffel grob gemahlener weißer Pfeffer,
2 Teelöffel Senfkörner,
¹⁄₁₆ l Calvados (= französischer Apfelbranntwein).

Das Fleisch mittelfein durchdrehen. Salz, Pfeffer, Senfkörner und Calvados dazugeben und die Wurstmasse kräftig durchkneten. In Gläser füllen und bei 98°C in 2 Stunden sterilisieren.

Grillwurst

800 g fettes Schweinefleisch, 200 g mageres
Rinderhackfleisch,
1 Glas trockener
Weißwein,
2 Knoblauchzehen,
2 kleine Zwiebeln,
je 1 Teelöffel Salz,
Oregano, gemahlener
weißer Pfeffer und
Weinessig, 1 Teelöffel
Paprikapulver edelsüß.

Schweinefleisch grob durchdrehen. Mit Rinderhack mischen. Alle Gewürze mit Wein und Weinessig mischen. Zu dem Fleisch geben. Alles gründlich durchkneten. Die Wurstmasse in dünne Schweinedärme füllen und etwa 15 cm lange Würstchen abdrehen. 10 Minuten bei 70°C brühen.

Tip: Tiefgefroren bis zum Grillen lagern.

Semmelbratwurst

2 ½ kg Schweinefleisch,
50 g Salz,
10 g weißer Pfeffer,
50 g Zwiebeln,
Muskat, 4 Eier,
⅛ l Weißwein,
¼ l Brühe,
500 g Semmelmehl
oder Weißbrot.

Fleisch und Zwiebeln durch die mittlere Scheibe des Fleischwolfes drehen. Alle anderen Zutaten dazugeben, gut verkneten. Die Wurstmasse lose in Kranzdärme füllen und abbinden. Die Würste an der Luft trocknen lassen. Je nach Geschmack leicht räuchern. Bald verbrauchen oder einfrieren.

Brüh- und Bratwürste

Einfache Bratwurst

2 kg Schweinefleisch,
1 kg Kalbfleisch,
300 g Speck,
10 g Pfeffer,
50 g Salz,
etwas Wasser.

Schweine-, Kalbfleisch und Speck fein durchdrehen. Mit Pfeffer und Salz würzen. Mit etwas Wasser gut durchkneten. Die Wurstmasse in Därme füllen und 15 bis 20 cm lang abdrehen.

Tip: Damit die Würste beim Braten nicht aufplatzen, legt man sie vorher kurz in heißes Wasser. Dann in Mehl wenden und braten.

Schlesische Semmelwurst

1 kg nicht zu fettes Bauchfleisch,
eingeweichte Brötchen (Semmeln),
heiße Brühe,
15 bis 20 g Salz,
2 Zwiebeln, Pfeffer,
Majoran.

Das gekochte Fleisch und die gleiche Menge ausgedrückte Brötchen mittelfein durchdrehen. Mit heißer Brühe übergießen. Salz, feingehackte Zwiebeln, Majoran und Pfeffer dazugeben. Alles gut durchkneten. Die Wurstmasse in dünne Därme füllen und einfrieren.

Tip: Sie können die Würstchen auch vorher räuchern. Die Semmelwurst wird gebraten serviert.

Frankfurter Würstchen

3,5 kg mageres Schweinefleisch,
1,5 kg Speck,
80 bis 100 g Pökelsalz,
10 g gemahlener weißer Pfeffer, geriebene Muskatnuß, Ingwer, Kardamom.

Schweinefleisch und Speck werden durch die feine Scheibe des Fleischwolfes gedreht, mit Salz und den Gewürzen gut vermischt und in Schweinedärme gefüllt. Man bindet paarweise fingerlange Würstchen ab, läßt sie ein paar Tage trocknen und räuchert sie heiß. Anschließend einfrieren.

Knackwürstchen

5 kg Rindfleisch,
2 ½ kg mageres Schweinefleisch,
150 g Pökelsalz,
30 g Pfeffer.

Rind- und Schweinefleisch fein durchdrehen. Pökelsalz und Pfeffer dazugeben. Gut durchmischen. Die Wurstmasse in enge Schweinedärme füllen. Paarweise Würstchen abdrehen. Jedes Paar soll ein Gewicht von 100 bis 120 g haben. Heiß räuchern. Die Knackwürstchen werden anschließend 20 Minuten bei 75 °C gebrüht.

Weinbratwürste mit Pilzen

500 g Schweinemett,
10 g Salz, 2 g Pfeffer,
1 Eßlöffel Öl,
¼ l herber Weißwein,
1 Zwiebel,
500 g Steinpilze oder
Pfifferlinge,
25 g Butter,
Salz, weißer Pfeffer,
1 Eßlöffel Tomaten-
mark.

Mett mit Salz und Pfeffer würzen und 4 Bratwürste daraus machen. Mehrmals einstechen. Öl
erhitzen. Würste darin auf beiden Seiten 5 Minuten braten. Die Hälfte des Weines dazugießen
und 10 Minuten einkochen lassen. Zwiebel fein
würfeln, Pilze grob hacken. Butter erhitzen. Zwiebel darin 3 Minuten dünsten. Pilze dazugeben.
Mit Salz und Pfeffer würzen, Tomatenmark unterrühren. 5 Minuten schmoren lassen. Dann den
Rest Wein dazugeben. Aufkochen lassen und
abschmecken. Die Würste mit der Pilzsoße übergießen.

Tip: Zu Brot oder Salat und Kartoffelpüree servieren.

Griebenstreichwurst

500 g Leber,
500 g Kopf- oder
Bauchfleisch,
(ohne Schwarte)
1,5 kg erkaltete
Grieben,
Salz, Pfeffer,
gemahlener Piment,
gerebbelter Majoran.

Leber überbrühen. Mit dem Fleisch und den
Grieben durch die feine Scheibe des Fleischwolfes drehen. Gewürze dazugeben und alles gut
miteinander vermischen. Die Masse in Rinder-
kranzdärme füllen. In 75 °C heißem Wasser 60
Minuten ziehen lassen oder bei 98 °C in 1 ½ Stunde einkochen.

Siegerländer Zwiebelwurst

10 kg durchwachsener
Schweinebauch
(ohne Schwarten),
200 g Salz,
30 g Pfeffer,
10 g Muskat,
1 kg Zwiebeln.

Schweinefleisch und Zwiebeln durch die grobe
Scheibe des Fleischwolfes drehen. Mit den Gewürzen vermischen, gut durchkneten, in Rinderdärme füllen und zu einem Kranz binden. Bei
75 °C 30 Minuten sieden lassen.

Tip: Sie können die Wurstmasse auch in Gläser
einkochen.

Brüh- und Bratwürste

Frühstückswurst

3 kg Mett,
1 Teller gekochte
Schwarten,
etwas Brühe,
7 bis 8 Zwiebeln,
Salz und Pfeffer nach
Geschmack.

Schwarten und die Zwiebeln mittelfein durchdrehen. Mit Mett und den übrigen Zutaten gut vermengen. Die Wurstmasse in Därme füllen und in 75 °C warmem Wasser 1 Stunde sieden lassen.

Semmelwurst zum Eindosen

2 kg Schweinefleisch,
100 g Semmelmehl,
½ l Brühe,
35 g Pökelsalz,
½ Teelöffel Zucker,
10 g weißer Pfeffer

Das Fleisch ganz fein durchdrehen und mit den übrigen Zutaten vermengen. Gut durchkneten. In Dosen füllen und bei 98 °C in 2 Stunden sterilisieren.

Tip: Diese Semmelwurst eignet sich in dünne Scheiben geschnitten als Aufschnitt; oder sie wird in dicken Scheiben gebraten.

Wellwurst

250 g Schwarten,
1 kg Schweinebauch,
500 g Leber,
125 g Zwiebeln,
125 g Schmalz,
5 eingeweichte
Brötchen,
je 1 Eßlöffel Thymian
und Majoran,
etwas Pfeffer,
50 g Salz.

Schwarten und Schweinebauch 1 Stunde in Salzwasser kochen. Zwiebel schälen, hacken und in Schmalz dünsten. Leber, Bauchfleisch, Schwarten und die ausgedrückten Brötchen mittelfein durchdrehen. Würzen und gut durchkneten. In Mettwurstdärme füllen. Die Würste in Salzwasser aufkochen lassen, dann bei 75 °C 25 bis 30 Minuten sieden lassen.

Tip: Sie können die Wellwurstmasse auch in Gläser füllen und bei 98 °C in 2 Stunden sterilisieren. Wenn Sie der Wurstmasse etwas Blut zufügen, entsteht die in Schlesien beliebe rote Wellwurst.

Egal, ob weiß oder rot: Wellwurst wird in leicht gesalzenem Wasser erhitzt oder in der Pfanne gebraten und dann am besten zu Sauerkraut und Kartoffelpüree serviert.

Hackelwurst

Rindfleisch
(vom Kopf oder von den

Rindfleisch garkochen und mit den Zwiebeln mittelfein durchdrehen. Mit Brühe zu einem wei-

Bauchlappen);
auf 1 kg Fleisch:
16 g Salz,
0,8 g Pfeffer,
0,8 g Piment,
1 große Zwiebel.

chen Wurstbrei verarbeiten. Gut würzen. Die Wurstmasse in Kranzdärme füllen und als Bratwürstchen abdrehen. 30 Minuten in 75°C heißem Wasser sieden lassen.

Tip: Sie können die Wurstmasse auch portionsweise einfrieren und später in der Pfanne erhitzen. Hackelwurst schmeckt gut zu Salzkartoffeln und eingelegter Roter Bete.

Wickelwurst

Gepökelte Bauch-
lappen vom Rind,
Pfeffer, Zwiebeln,
Fett.

Die kurz gepökelten Bauchlappen mit Pfeffer bestreuen. Zwiebelringe in Fett dünsten und auf dem Fleisch verteilen. Aufrollen und fest verschnüren. Die Wurst heiß räuchern und anschließend bei 75°C 1 Stunden sieden lassen.

Tip: Sie können Wickelwurst auch aus Bauchlappen vom Schaf herstellen.

Schlackerwurst

5 kg Schweinefleisch
(vom Vorderschinken),
2 Nieren,
120 g Pökelsalz,
8 bis 10 g Pfeffer,
2 bis 3 dicke Zwiebeln,
1 Teelöffel Zucker,
etwas Muskat.

Schweinefleisch und Nieren durch die mittlere Scheibe des Fleischwolfes drehen. Mit den Gewürzen gut durchkneten. Die Wurstmasse in dünne Schweinedärme füllen und zum Trocknen aufhängen. Eventuell räuchern.

Tip: Ganz frisch schmeckt gekochte Schlackerwurst gut zu Kohlgerichten und Linsensuppe. Nach 3 bis 4 Wochen kann man sie auch als Aufschnitt verwenden.

Weiße Wurst

250 g Zervelat-
wurstmasse
oder Gehacktes,
250 g gekochtes Fleisch,
250 g Speck,
250 g eingeweichte
Brötchen,
20 bis 30 g Salz,
Muskatblüte.

Das gekochte Fleisch fein durchdrehen. Mit Zervelatwurstmasse, überbrühten Speckwürfeln, ausgedrücktem Brötchen, Salz und Muskatblüte gut verkneten. Die Masse in Därme füllen. 25 Minuten kochen lassen.

Tip: Diese Wurst wird frisch zu Brot gegessen.

Brüh- und Bratwürste

Rinderwurst

1 Rinderkopf,
Salz, Pfeffer,
Nelken, Muskatnuß.

Den Rinderkopf in Salzwasser kochen, bis das Fleisch gar ist. Das Fleisch ablösen, fein durchdrehen und mit soviel Brühe mischen, bis eine streichfähige Masse entsteht. Mit Salz, Pfeffer, Nelken und Muskat abschmecken.

Die Wurstmasse in Rinderdärme füllen und bei 75°C 1 Stunde sieden lassen oder portionsweise einfrieren und nachher mit zerlassener Butter erhitzen.

Tip: Die Rinderwurst wird heiß zu Brot gegessen.

Nackte Schweinewürste

500 g mageres
Schweinefleisch,
2 Eier,
1 Teelöffel Salz,
etwas Pfeffer
und Muskat,
1 Teelöffel Maggi-
würze,
2 große Zwiebeln,
3 Knoblauchzehen.

Schweinefleisch grob durchdrehen. Eier, Salz, Pfeffer, Muskat, Maggiwürze, gewürfelte Zwiebeln und geriebenen Knoblauch dazugeben. 10 Minuten lang gut durchkneten, bis eine zusammenhängende und dennoch lockere Masse entsteht. Fingerdicke, etwa 50 g schwere Würstchen daraus formen.

Tip: Diese Würste werden wie Bratwurst gebraten. Sie schmecken besonders gut frisch zubereitet zu Sauerkraut und Salaten.

Nierenwurst

500 g mageres
Schweinefleisch,
500 g Nieren,
500 g eingeweichtes
Weißbrot,
einige Zwiebeln,
Muskat, Nelken,
Pfeffer, Salz.

Schweinefleisch und Nieren durch die grobe Scheibe des Fleischwolfes drehen. Zwiebeln und ausgedrücktes Weißbrot zur Wurstmasse geben. Gut würzen und durchkneten. Die Masse in Mettdärme füllen, und die Würste lufttrocknen lassen.

Tip: Man serviert diese Wurst schön braun gebraten.

Hirn-Nierenwurst

500 g mageres
Schweinefleisch,
Gehirn, Nieren,
geriebene Zwiebeln,
Salz, Pfeffer,
Nelken.

Fleisch, Gehirn und Nieren durch die mittlere Scheibe des Fleischwolfes drehen. Würzen und gut durchkneten. In Mettdärme füllen und räuchern.

Tip: Diese Wurst wird gekocht serviert.

Rohwürste

Einfache Plockwurst
(Münsterländer Bauernwurst)

2 kg Rindfleisch,
2 kg Schweinefleisch,
2 kg Speck
(ohne Schwarte),
150 g Salz,
10 g Salpeter,
18 g Pfeffer,
18 g Zucker.

Das Rindfleisch fein und das Schweinefleisch grob durchdrehen. Speck in feine Würfel schneiden. Würzen und gut durchkneten. Die Wurstmasse fest in Därme stopfen. 3 bis 6 Wochen bei 10 °C reifen lassen. Dann kalt räuchern.

Westfälische Plockwurst

1 kg mageres
Rindfleisch,
1 kg mageres
Schweinefleisch,
1 kg Speck
(ohne Schwarte),
80 g Pökelsalz,
2 Teelöffel Honig,
1 Teelöffel gemahlener
schwarzer Pfeffer,
5 Eßlöffel Senfkörner,
2 Eßlöffel schwarze
Pfefferkörner,
3 Eßlöffel Rum.

Rindfleisch fein und Schweinefleisch grob durchdrehen. Speck feinwürfelig schneiden. Gut mischen und würzen. Fest in Därme füllen. 3 bis 6 Wochen reifen lassen, dann kalt räuchern.

Tip: Statt Rum können Sie auch Kognak oder Gin nehmen.

Rohwürste

Hausmacher-Plockwurst

Je 500 g mageres Rind- und Schweinefleisch, je 2 Teelöffel Pökelsalz, Paprika edelsüß, Paprika rosenscharf, ½ Teelöffel Cayennepfeffer, 1 gestrichener Eßlöffel Milchzucker, 1 Gläschen Rum.

Das Fleisch grob durchdrehen. Mit den Gewürzen, Milchzucker und Rum mischen und gut durchkneten. In Plockwurstdärme füllen und zum Trocknen aufhängen. Nach 3 bis 6 Wochen kalt räuchern.

Bauernsalami

1,5 kg mageres Schweinefleisch, 500 g Rückenspeck (ohne Schwarte), 3 schwach gehäufte Eßlöffel Pökelsalz, 2 gestrichene Eßlöffel geschroteter weißer Pfeffer, 1 Eßlöffel Kognak oder Rum, 1 gehäufter Teelöffel Traubenzucker.

Schweinefleisch und Speck in feine Würfel schneiden. Gewürze, Pökelsalz und Alkohol zu dem Schweinefleisch geben und 5 Minuten gut durchkneten. Speck dazugeben und nochmals 5 Minuten gut durcharbeiten. Wurstmasse in Därme stopfen, straff abbinden. Würste 3 Wochen in einem kühlen, leicht luftigen Raum umröten lassen. Danach gut 1 Woche lang täglich einmal kalt räuchern.

Zervelatwurst

3,5 kg Schweinefleisch (magere Schulter), 1,5 kg Speck; für 500 g Wurstmasse: 12 g Pökelsalz, ½ g gemahlener weißer Pfeffer.

Fleisch und Speck fein durchdrehen. Mit Salz und Pfeffer so lange kneten, bis die Wurstmasse an den Händen haften bleibt. Fest in Papierdärme stopfen. Die Würste in einem luftigen, aber nicht zugigen Raum 8 bis 10 Tage trocknen, dann 3- bis 6-mal in Abständen von mehreren Tagen kalt räuchern, bis die Würste goldgelb sind.

Sommerwurst

3 kg Rindfleisch, 3 kg Speck, 150 g Salz,

Rindfleisch und Speck durch die mittelfeine Scheibe des Fleischwolfes drehen. Mit den Ge-

10 g Pökelsalz,
15 bis 20 g Pfeffer,
20 g Zucker.

würzen gut verkneten. Fest in Därme stopfen und lufttrocken aufhängen. Nach 2 Wochen kalt räuchern.

Einfache Mettwurst

2 kg mageres Rindfleisch, 2 kg Speck,
2 kg Schweinefleisch,
150 g Salz, 18 g Pfeffer,
18 g Zucker,
etwa ½ l Rum
oder Kognak.

Schweinefleisch und Speck durch die grobe Scheibe des Fleischwolfes drehen, Rindfleisch durch die feine. Die Gewürze mischen und über die Fleischmasse streuen. Alkohol dazugeben. Den Fleischteig gut durchkneten. Ganz fest in Därme stopfen. Mindestens 14 Tage in einem 12 bis 15 °C warmen Raum trocknen lassen. Dann kalt räuchern.

Frische Mettwurst

5 kg durchwachsenes Schweinefleisch, 100 g Salz, 11 g weißer Pfeffer,
1 gehäufter Teelöffel Muskatblüte.

Das Fleisch wird grob durchgedreht und mit den übrigen Zutaten gut durchgeknetet. Soll die Mettwurst im Eintopf gekocht werden, füllt man das Mett in dünne Schweinedärme. Will man sie als Aufschnitt verwenden, kommt das Mett in Plockwurstdärme. Man läßt die Würste 3 bis 4 Tage zum Trocknen hängen, dann werden sie ebenso lange geräuchert.

Tip: 1 Woche nach dem Schlachten ist die Mettwurst gebrauchsfertig. Je länger man sie hängen läßt, desto schnittfester wird sie.

Kartoffelmettwurst

2,5 kg Schweinefleisch,
2,5 kg Rindfleisch,
2 kg Speck, 2 kg festkochende Kartoffeln,
½ l Milch, 36 g
(= 7 Teelöffel)
gemahlener Pfeffer,
225 g Salz,
10 g (= 1 Teelöffel)
Pökelsalz

Speck und Schweinefleisch zuerst durch die grobe Scheibe des Fleischwolfes drehen, dann durch die feine. Rindfleisch fein durchdrehen. Die gekochten Kartoffeln abpellen und ebenfalls fein durchdrehen. Alles miteinander mischen und die Gewürze dazugeben. Gut durchkneten. Die aufgekochte und wieder abgekühlte Milch langsam dazugießen. Die Masse fest in Rinderdärme stopfen, einige Tage trocknen lassen und dann kalt räuchern.

Tip: Wer aus Gesundheitsgründen ungern soviel

61

Rohwürste

Pökelsalz verwendet, nimmt die Hälfte der angegebenen Menge und knetet dafür zum Schluß noch ½ Tasse Blut unter den Fleischteig. Auch damit erzielt man eine schöne rote Farbe.

Sie können die Wurst auch noch mit 2 bis 3 Gläschen klarem Schnaps (Korn) oder Kognak verfeinern.

Walpersdorfer Köhlermettwurst

10 kg Schweinebauch und Schulter mit Speck (ohne Schwarten und Sehnen),
220 g Pökelsalz,
30 g Pfeffer,
10 g Muskatblüte,
50 g Senfkörner.

Das Fleisch erst durch die grobe, dann durch die feine Scheibe des Fleischwolfes drehen. Mit Pökelsalz und Gewürzen vermischen. Gut durchkneten. Die Masse fest in Schweinedärme füllen und zum Kranz binden. Lufttrocknen lassen oder mit Buchensägemehl räuchern.

Tip: Die Wurstmasse kann auch in Gläsern bei 98 °C in 2 Stunden eingekocht werden. Schmeckt im Sommer als Aufschnitt sehr erfrischend.

Frische Ingwermettwurst

⅜ l Weißwein,
500 g Mett,
500 g grobe Bratwurstmasse (ungebrüht),
1 Eßlöffel geriebene frische Ingwerwurzel,
1 Teelöffel Salz,
4 Eßlöffel Sojasoße,
7 Blatt weiße Gelatine,
4 Eßlöffel feingeschnittener Schnittlauch,
1 Zitrone.

Wein, Mett und Bratwurstmasse mischen und unter kräftigem Rühren kurz aufkochen. Ingwerwurzel, Salz und Sojasoße zufügen. Etwa 15 bis 20 Minuten im geschlossenen Topf bei schwacher Hitze kochen. Eingeweichte Gelatine unter die Wurstmasse rühren. Nicht mehr kochen! Schnittlauch und Saft von ½ Zitrone zufügen. Restliche Zitrone in dünne Scheiben schneiden. Wurstmasse in eine Schüssel füllen und mit Zitronenscheiben belegen.

Feine Streichmettwurst

3 ¾ kg sehnenfreies Rindfleisch,
6 ¼ kg Schweine-

Das Fleisch fein durchdrehen und mit Salz, Pfeffer sowie Kardamom gut durchkneten. Die Wurstmasse in Rinderdärme füllen. 8 bis 10 Tage bei 15

nacken,
2 ¼ kg Schweinebauch,
300 g Salz,
35 g Pfeffer,
8 g Kardamom.

bis 18 °C trocknen lassen. Dann 4 bis 6 Tage kalt räuchern.

Grobe Teewurst

700 g mageres Schweinefleisch, 300 g Speck (ohne Schwarte), 1 gehäufter Eßlöffel Pökelsalz, je 1 gestrichener Eßlöffel gemahlener weißer Pfeffer und Edelsüß-Paprika, 1 gehäufter Teelöffel Senfkörner.

Schweinefleisch und Speck durch die 4,5-mm-Scheibe des Fleischwolfes drehen. Gewürze zugeben und gut durcharbeiten. Wurstmasse in Därme stopfen und knapp abbinden. Nach einer Abtrocknungszeit von 12 Stunden in einem luftigen Raum mehrmals kalt räuchern. Bald verbrauchen.

Teewurst

8 bis 10 kg Rindfleisch, 5 kg Schweinefleisch, 2,5 kg Speck; auf 1 kg Wurstmasse: 10 g Teewurstgewürz, 24 g Salz, etwas Pökelsalz.

Fleisch und Speck ganz fein durchdrehen. Mit den Gewürzen gut durchkneten. In Därme füllen. Einen Tag trocknen lassen, dann kalt räuchern.

Braunschweiger

1 kg fettes Schweinefleisch (zum Beispiel durchwachsenes Bauchfleisch), ½ kg Rindfleisch, 10 g Braunschweigergewürz, 40 g Salz (davon die Hälfte Pökelsalz), eventuell etwas Zucker.

Schweinefleisch zuerst grob, dann fein durchdrehen. Rindfleisch fein durchdrehen. Beides mischen; Gewürz, Salz und eventuell etwas Zucker dazugeben. Gut durchschlagen und kneten. Fest in kurze Därme füllen, ein paar Tage trocknen lassen und dann kalt räuchern.

Rohwürste

Magere Braunschweiger

1 kg Nackenfleisch,
2 Pellkartoffeln,
20 g Salz,
3 g weißer Pfeffer,
2 g Paprikagewürz,
Zwiebel und
Knoblauch nach
Geschmack.

Fleisch, Kartoffeln und Zwiebeln fein durchdrehen. Kräftig würzen und durchkneten. Die Wurstmasse in kurze Papierdärme füllen, einmal kalt räuchern.

Tip: Da diese Wurst schnell verdirbt, muß sie bald verbraucht werden.

Schinken und Rauchfleisch

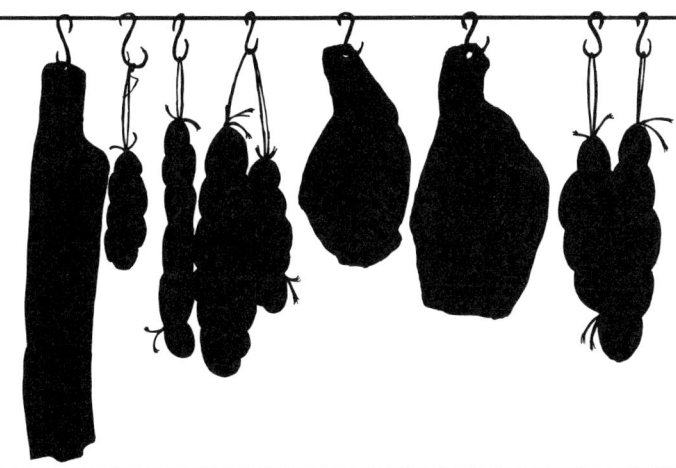

Einfacher Knochenschinken

1 Schinken von 15 kg,
1,5 kg Salz,
15 g Zucker,
15 g Salpeter.

Salz mit heißem Wasser auflösen. Zucker und Salpeter dazugeben. Den vorbereiteten Schinken in ein Pökelfaß legen und mit der heißen Salzlake übergießen. Nach 10 Tagen herausnehmen, etwas trocknen lassen und dann kalt räuchern.

Tip: Der Schinken schmeckt noch besser, wenn Sie der Pökellake je 1 Handvoll Zwiebelwürfel und Knoblauchzehen, 1 Eßlöffel Wacholderbeeren und 5 bis 6 Lorbeerblätter zufügen.

Westfälischer Knochenschinken

1 Schinken,
1 Eßlöffel Pfeffer,
2 Eßlöffel Salz,
1 Eßlöffel Zucker,
1 Teelöffel Muskat,
Salz,
1 Eßlöffel Senf,
1 Teelöffel Honig.

Der fertig zurechtgeschnittene Schinken wird gewogen, weil man die Pökelzeit nach der Fleischmenge berechnet (je kg 2 Tage). Der Schinken wird in einem kühlen Raum für 4 bis 5 Stunden mit der Spitze nach unten gehängt, damit das restliche Blut herausläuft. Mit einem Tuch wird er dann gut trockengetupft. Mit einem Gemisch aus Pfeffer, Salz, Zucker und Muskat das Fleisch einreiben. Den Boden eines Pökelfasses (oder einer Plastikwanne) 2 cm dick mit Salz ausstreuen, den Schinken darauflegen und dick mit Salz bestreuen. Ein 10-kg-Schinken bleibt 20 Tage so liegen. Dann wird er 2 Tage gewässert, wobei das

65

Schinken und Rauchfleisch

Wasser öfters erneuert wird. Den Schinken gut trockenreiben und mit einem Gemisch aus Senf und Honig sorgfältig einreiben. 3 Wochen kalt räuchern.

Westfälischer Schinken in Bier

1 Schinken,
1 kg Salz,
250 g Kandiszucker,
2 ½ l helles Bier,
1 Handvoll Wacholderbeeren,
60 g Salpeter.

Den Schinken mehrere Tage kühl hängend trocknen lassen, damit die wäßrige Flüssigkeit verdunstet. Salz mit Kandis, Bier, Wacholderbeeren und Salpeter aufkochen und kochend heiß über den Schinken gießen. Den Schinken 18 bis 20 Tage in dieser Brühe liegen lassen. Dabei täglich wenden. Dann zum Trocknen aufhängen und nach einem Tag mehrmals ziemlich stark kalt räuchern.

Burgunderschinken

1 Schinken,
1 kg Salz,
2 l Rotwein (Burgunder),
Essig und Zitonenschale nach Geschmack,
1 Lorbeerblatt,
1 bis 2 Zwiebeln,
Pfeffer, etwas Ingwer,
1 Tasse saure Sahne,
Paniermehl.

Aus dem frischen Schinken die Knochen lösen. Die Schwarte in schrägen Vierecken einkerben. Den Schinken gut einsalzen. Aus Rotwein, Essig, Zitonenschale, Lorbeerblatt, Zwiebeln, Pfeffer und Ingwer eine Pökellake kochen. Den Schinken 8 Tage in dieser Lake liegen lassen. Dabei jeden Tag wenden und mit Lake begießen. Dann den Schinken in der Marinade weichschmoren. 30 Minuten vor dem Garende saure Sahne dazugießen. Die Schwarte ablösen. Den Schinken mit Parniermehl bestreuen und im offenen Topf im Backofen fertig backen. Dabei immer wieder begießen.

Schneller Schinken

Schöne Schweinefleischstücke, Salz,
½ Flasche Rotwein.

Die Fleischstücke gut mit Salz einreiben. Einen großen Topf mit einer 3 cm dicken Salzschicht ausstreuen, das Fleisch hineinlegen und mit reichlich Salz bedecken. Aus 1 kg Salz und dem Rotwein einen Brei rühren. Diesen Brei oben auf das Salz geben. Den Topf zudecken. Kleine Fleischstücke werden nach 5, große nach 8 Tagen aus dem Topf genommen. Das Fleisch gut abwaschen, stramm rollen und lufttrocknen lassen.

Tip: Je nach Geschmack 2 Tage jeweils 1 bis 2 Stunden kalträuchern.

Dieser Schinken läßt sich gut einfrieren.

Gekochter Schinken

10 l Wasser,
500 g Salz,
1 Teelöffel Pökelsalz,
3 Teelöffel Zucker,
5 bis 6 kg Vorderschinken.

Wasser mit Salz, Pökelsalz und Zucker aufkochen; erkalten lassen; dann über das entbeinte Fleisch geben. Den Schinken an einem kühlen Ort gut bedeckt 14 Tage in der Pökellake liegen lassen. Das Fleisch abgetropft und abgetrocknet in Gläser geben und bei 98 °C in 2 Stunden sterilisieren.

Gebratener Schinken

1 gepökeltes
Schinkenstück,
Milch, 1 Ei,
Paniermehl,
Butter.

Das 8 bis 10 Tage gepökelte Schinkenstück in ½ bis 1 cm dicke Scheiben schneiden. Einige Stunden in Milch legen, damit das Salz herauszieht. In Ei und Paniermehl wenden und die Schinkenscheiben von beiden Seiten in Butter schön braun braten.

Gebackener Weihnachtsschinken

1 Schinken von 5 kg;
für die Lake:
8 l Wasser,
1 bis 1,5 kg Salz,
25 g Salpeter,
150 g Zucker,
10 weiße und
20 schwarze Pfefferkörner, 1 Ei,
je 1 Teelöffel Zucker
und Senfpulver,
Paniermehl.

Wasser mit Salz, Salpeter und Zucker aufkochen; erkalten lassen. Den Schinken 14 Tage in der Lake liegen lassen. Dabei gelegentlich wenden. Den Schinken dann einen Tag vor dem Garen aus der Lake nehmen und gut abtrocknen. Wasser mit Pfefferkörnern ansetzen. Den Schinken hineinlegen, so daß er ganz bedeckt ist. 3 bis 3 ½ Stunden kochen. Gut abschäumen. Den Schinken abkühlen lassen. Ei, Zucker, Senfpulver und Paniermehl mischen. Den Schinken damit bestreichen und 1 Stunde bei Mittelhitze im Backofen backen.

Tip: Der Schinken wird kalt zum kalten oder warmen Büfett serviert.

Schinken und Rauchfleisch

Rollschinken

1 Schinken,
7 bis 8 Eßlöffel Salz,
1 Teelöffel Pökelsalz,
3 Teelöffel Zucker.

Den Schinken in 3 Stücke teilen. Schwarte dranlassen. Salz, Pökelsalz und Zucker mischen. Das Fleisch damit einreiben. Täglich wenden. Nach 2 Wochen abspülen, mit Bindfaden umwickeln. 2 bis 3 Minuten in kochendes Wasser halten, damit sich die Poren schließen. 2 Tage zum Trocknen hängen lassen. Dann mehrmals kalt räuchern.

Lachsschinken

1 Karbonadenstück
(= Kotelettstück),
Speckscheiben,
1 l Wasser,
150 g Salz,
etwas Pökelsalz,
Flomenhaut.

Das Karbonadenstück 3 Tage in Wasser mit Salz und Pökelsalz pökeln. Herausnehmen und mit Speckscheiben umwickeln. Mit Flomenhaut umhüllen und mit Bindfaden fest umwickeln. Einige Tage an der Luft trockenen lassen. Dann kalt räuchern.

Schnelles Rauchfleisch

3 bis 4 kg Rindfleisch
aus der Unterschale,
250 g Salz,
10 g Pökelsalz,
30 g Zucker,
⅛ l Rotwein.

Rotwein mit Salz, Pökelsalz und Zucker mischen und das Fleisch damit gut einreiben. 3 Tage an einem kühlen Ort ruhen lassen. Dabei häufig wenden. Dann gut abtrocknen. Das Fleisch in ein Leinentuch wickeln und fest mit Bindfaden umschnüren. 8 Tage kalt räuchern.

Tip: Dieses Rauchfleisch kann sorfort angeschnitten werden.

Hamburger Rauchfleisch

Fleisch aus der
Rinderkeule;
für die Lake:
3 l Wasser,
500 g Salz,
25 g Pökelsalz,
50 g Zucker.

Wasser mit Salz, Pökelsalz und Zucker aufkochen. Erkalten lassen. Das Fleisch für 2 Wochen in die Lake legen. Herausnehmen, einige Tage lufttrocken aufhängen und dann 8 bis 10 Tage in Holzfeuerrauch kalt räuchern.

Hast
(Nagelfleisch)

1 Stück Fleisch aus der Oberschale des Rindes, etwa 500 g Salz, 1 Glas Rotwein.

Das Fleischstück mit Salz einreiben, in eine Schüssel legen und dick mit Salz bestreuen. In der sich bildenden Lake täglich wenden. Nach 3 Tagen Rotwein dazugießen (verbessert Farbe und Geschmack). Nach 3 Wochen das Fleischstück aus der Lake nehmen, abwaschen und über Nacht wässern. Abtrocknen und in einem Leinenbeutel an einem luftigen kühlen Ort aufhängen. Nach 5 bis 6 Wochen kann das Haststück angeschnitten werden.

Speck und Schmalz

Luftspeck

1 Speckseite,
feines Salz,
Pökelsalz

Die Speckseite von beiden Seiten mit Salz, das mit Pökelsalz vermischt wurde, so lange kräftig einreiben, bis sie kein Salz mehr aufnimmt. Dann legt man sie zwischen zwei saubere Buchen- oder Eichenbretter und beschwert das obere Brett. Das Ganze etwas schräg legen, damit die Lake ablaufen kann. Den Speck 8 bis 12 Tage so liegen lassen. Dann zum Trocknen an einem kühlen, luftigen Ort aufhängen.

Rollspeck

Bauchspeck,
Salz, Pökelsalz.

Den Bauchspeck mit Salz und Pökelsalz dick einreiben. Mit reichlich Salz bestreut 8 bis 10 Tage liegen lassen. Dann warm abwaschen und abtrocknen. Den Speck fest umschnüren und an einem luftigen kühlen Ort zum Trocknen aufhängen.

Durchwachsener Bauchspeck

1 Stück Bauchspeck,
Salz, Pfeffer,
Majoran, Thymian,
Paprika, Curry,

Den Bauchspeck garkochen. Alle Gewürze mischen. Zwiebeln in Ringe schneiden und in Butter dünsten. Den noch heißen Bauchspeck in Stücke schneiden, dick mit Zwiebeln und Gewürzen ein-

Grillgewürz,
Zwiebeln, Butter.

reiben und mit Zwiebelringen belegen; in Alufolie einwickeln. Die Päckchen warm zudecken
und einen Tag so liegen lassen. Dann einfrieren.
Tip: Dieser pikant gewürzte Bauchspeck
schmeckt in dünne Scheiben geschnitten vorzüg-
lich als Brotbelag.

Bauernschmalz

1 kg Schweinespeck,
2 Äpfel,
2 Eßlöffel Majoran,
4 Zwiebeln, Salz,
Pfeffer,
1 Teelöffel Zucker,
je 1 Bund Schnittlauch
und Petersilie.

Den Speck von der Schwarte trennen, in 1 cm
große Würfel schneiden und auslassen. Zwiebeln
schälen und fein hacken. Äpfel schälen, vierteln,
entkernen und in feine Scheiben schneiden.
Wenn im ausgelassenen Fett die Grieben braun
werden, Zwiebeln und Äpfel dazugeben und
goldgelb rösten. Mit Majoran, Salz, Pfeffer und
Zucker abschmecken. Etwas abkühlen lassen.
Dann Schnittlauchröllchen und gehackte Petersilie dazugeben, in Steinguttöpfe füllen und fest
werden lassen.

Apfelschmalz

500 g Speck,
1 Apfel.

Speck auslassen und in das flüssige Fett einen
geschälten, vom Kerngehäuse befreiten, in Scheiben geschnittenen Apfel geben. Im Steintopf erstarren lassen.
Tip: Apfelschmalz ist ein beliebter Brotstrich.

Zwiebelschmalz

Speck, Zwiebeln.

Speck auslassen. Zwiebeln schälen und in kleine
Würfel schneiden. Auf 1 Schöpfkelle Schmalz
nimmt man 2 bis 3 kleine Zwiebeln. Man läßt sie
in dem heißen Fett mitschmoren, aber nicht zu
braun werden. Im Steintopf erstarren lassen.
Tip: Man kann die Zwiebeln auch vor dem Erstarren absieben. Zwiebelschmalz schmeckt als Brotaufstrich, ist aber auch eine würzende Fettzugabe
für Bratkartoffel.

Pasteten

Schinkenpastete

500 g mageres
Schweinefleisch
(vom Schinken),
Gewürze nach
Geschmack,
Pökellake, 1 Ei,
Pistazien oder Trüffeln;
zum Ausfetten:
Schweineschmalz.

Das Schweinefleisch in 3 bis 4 cm große Würfel schneiden, nach Geschmack würzen und für 24 Stunden in Pökellake legen. Dann gut abtrocknen und ganz fein durchdrehen. Die Fleischmasse mit Ei und gehackten Pistazien oder Trüffeln verkneten. Eventuell nachwürzen. In ausgefettete Gläser oder Dosen füllen und bei 98 °C in 1 ½ bis 2 Stunden einkochen.

Mosaikpastete

Zunge,
Herz, Speck,
Pastetenfarce
(siehe Rezept Schinkenpastete),
Schweineschmalz.

Sämtliche Schlachtreste wie Zunge, Herz und Speck in Würfel schneiden, in die Farce geben. In ausgefettete Dosen oder Gläser füllen und bei 98 °C in 1 ½ bis 2 Stunden einkochen.

Würstchenpastete

Frische Blutwurst und
Leberwurst,
Pastetenfarce
(siehe Rezept Schinken-

Die frische Blut- und Leberwurst in Hammelsaitlinge füllen, 1 Stunde bei 75 °C ziehen lassen. Würstchen abtrocknen, mit Farce einreiben und mit Speckscheiben umwickeln. Die Würstchen in

72

Pasteten

pastete),
Speckscheiben,
Schweineschmalz.

der übrigen Farce verteilen. In ausgefettete Gläser oder Dosen füllen und bei 98°C in 1½ bis 2 Stunden einkochen.

Schweinspastete

1 frischer
Schweinebauch,
Pökellake (aus
1 l Wasser,
150 g Salz,
8 g Pökelsalz,
15 g Zucker),
Grundrezept Schinken-
pastete,
Schweineschmalz.

Den Schweinebauch von Rippen und Knorpeln befreien, in Längsrichtung in ½ cm dicke Scheiben schneiden. Diese 24 Stunden pökeln. Am anderen Tag die gepökelten Scheiben gut abtrocknen und beide Seiten gut 1 cm dick mit der Pastetenfarce bestreichen. Aufrollen. In ausgefettete Gläser oder Dosen füllen, oben mit Farce bestreichen und bei 98°C in 1½ bis 2 Stunden einkochen.

Kalbspastete

1 ausgelöste Kalbsbrust,
Pökellake
(Grundrezept:
1 l Wasser,
150 g Salz,
8 g Pökelsalz,
15 g Zucker),
Schinkenwurstmasse
(siehe Rezept Seite 51),
Schweineschmalz.

Die Kalbsbrust in Längsrichtung in ½ cm dicke Scheiben schneiden und 24 Stunden pökeln, dann tüchtig abtrocknen. Die Scheiben beidseitig in 1 cm dick mit Schinkenwurstmasse bestreichen; aufrollen; in ausgefettete Gläser oder Dosen füllen und bei 98°C in 1½ bis 2 Stunden einkochen.

Kalbsbriespastete

500 g Kalbsbries,
750 g Schweinenacken,
4 Eßlöffel Butter,
¼ l Weißwein,
1 Tüte getrocknete
Pilze,
1 Eßlöffel Salz,
3 Eßlöffel Pasteten-
gewürz,
1 Teelöffel Worcester-
soße,
1 Ei.

Kalbsbries abspülen, mit kaltem Wasser aufsetzen und 10 Minuten bei schwacher Hitze sieden lassen. Die Häutchen abziehen und dunkle Stellen vorsichtig entfernen. Die Hälfte vom Kalbsbries fein würfeln. Schweinefleisch in Scheiben schneiden und zusammen mit den Brieswürfeln in heißer Butter von beiden Seiten braten. Wein hinzufügen und etwas erkalten lassen.
Nicht geschnittenes Kalbsbries, gebratenes Fleisch und die Pilze zweimal ganz fein durchdrehen. Mit Salz, Pastetengewürz, Worcestersoße, Ei

Pasteten

und etwas Brühe zu einem glatten Teig verarbeiten. Die Masse in Gläser füllen und bei 98 °C in 2 Stunden einkochen.

Kalbfleischpastete mit Pistazien

750 kg Kalbfleisch,
2 Schalotten,
1 Teelöffel
Pastetengewürz,
6 cl Weinbrand,
2 Brötchen,
⅛ l süße Sahne, Salz,
250 g fetter Speck,
2 Eidotter,
50 g Pistazien, Pfeffer.

200 g Kalbfleisch in 2 cm breite Streifen schneiden. Mit feingehackten Schalotten, Pastetengewürz und Weinbrand vermischen und zugedeckt 2 Stunden stehen lassen. Brötchen entrinden und in Sahne einweichen. Zusammen mit dem restlichen Fleisch und Speck ganz fein durchdrehen. Salzen. Mit Eidottern, gehackten Pistazien und der von den Fleischstreifen abgegossenen Flüssigkeit gut verkneten. Die Fleischmasse in Gläser füllen und bei 98 °C in 1 ½ Stunden einkochen.

Tip: Sie können die Pastete durch Zugabe von Trüffeln verfeinern.

Einfache Leberpastete

1 kg Schweineleber,
1 kg Schweinebauch,
½ kg geräucherter
fetter Speck, Salz,
Pfeffer, Zwiebeln,
Majoran, Thymian,
1 Eßlöffel Butter,
etwas Rotwein.

Schweinebauch etwa 1 Stunde kochen. Dieses Fleisch, die rohe Leber und den Speck ganz fein durchdrehen. Gewürze dazugeben. Mit Butter und Rotwein kurz aufkochen. Die Wurstmasse in kleine Gläser füllen und bei 98 °C in 1 ½ Stunden sterilisieren.

Feine Leberpastete

750 g Schweineleber,
375 g frisches
Schweinefleisch,
185 g frischer Speck,
2 eingeweichte
Brötchen,
150 g Butter, 3 Eier,
2 Zwiebeln, Salz,
Pfeffer, Piment,
½ Glas Weißwein,
etwas Maggi.

Leber, Fleisch, Speck und die ausgedrückten Brötchen fein durchdrehen. Butter schaumig rühren. Eier, geriebene Zwiebeln, Salz, Pfeffer, Piment, Wein und die Fleischmasse dazugeben und gut durchrühren. Nach Belieben mit einigen Tropfen Maggi würzen. Die Farce in eine Pastetenform füllen und im Wasserbad 2 Stunden kochen oder in Sturzgläser füllen und bei 95 °C in 1 ½ Stunden einkochen.

Leberpastete mit Zunge

100 g Butter, 2 Eier,
500 g Schweinleber,
250 g Schweinefleisch,
120 g frischer Speck,
2 eingeweichte
Brötchen,
Morcheln nach
Belieben,
Salz, Pfeffer,
1 bis 2 Zwiebeln,
1 gepökelte
Rinderzunge,
50 g Speckscheiben.

Butter mit Eiern schaumig rühren. Leber, Fleisch, Speck, ausgedrückte Brötchen, Zwiebeln und Morcheln ganz fein durchdrehen. Mit der Butter-Ei-Masse zu einer Farce verarbeiten. Gut würzen. Eine Pastetenform mit Speckscheiben auslegen, Farce einfüllen, die mit Speck umwickelte Zunge hineinlegen, mit Farce bedecken. Die Form schließen und die Pastete 2 Stunden im Wasserbad kochen.

Einfacher Leberkäse

500 g Leber,
250 g Speck, 1 Ei,
2 g weißer Pfeffer,
30 g Salz, etwas Zucker,
200 g Zwiebeln,
300 g Speckstreifen.

Leber mit Speck und Zwiebeln ganz fein durchdrehen. Mit Ei und den Gewürzen gut durcharbeiten. Dosen mit Speckstreifen auslegen, die Lebermasse einfüllen. Bei 98 °C in 1 ½ Stunden sterilisieren.

Würziger Leberkäse

500 g Schweineleber,
500 g magerer
Schweinebauch
(ohne Schwarte),
2 Zwiebeln, 2 Eier,
2 eingeweichte
Brötchen,
1 ½ Teelöffel Salz,
je ½ Teelöffel
Pfeffer, Muskat,
Majoran,
je 1 Eßlöffel
grüne Pfefferkörner,
Schnittlauchröllchen
und gehackte
Petersilie.

Leber und Schweinebauch fein durchdrehen. Alle anderen Zutaten (außer Pfefferkörnern) dazugeben und gut durchkneten. Zum Schluß die Pfefferkörner untermengen. Es muß ein gleichmäßig dicker Brei entstehen. Diesen Brei in eine ausgefettete Keramikkuchen- oder Pastetenform füllen und im Backofen bei 180 °C 90 bis 100 Minuten backen.

Tip: Dieser Leberkäse wird frisch zubereitet kalt gegessen. Man stürzt ihn auf eine Platte und garniert ihn mit Tomaten, Gurken und hartgekochten Eiern.

Leberkäse kann aber auch in 1 cm dicke Scheiben geschnitten und schön knusprig braun gebraten werden. Dazu gibt es Bratkartoffeln und grünen Salat.

Wurstspezialitäten

Schnauzenwurst

1 Schweineschnauze,
200 g Hackfleisch
(Schweinemett),
gehackte Zwiebeln,
Salz, Pfeffer,
Brühe.

Die Schweineschnauze in Salzwasser garkochen. Das Fleisch von Schwarten und Knochen lösen, abkühlen lassen und in 2 cm breite Streifen schneiden. Hackfleisch mit Zwiebeln, Salz und Pfeffer vermengen. Schnauzenfleisch dazugeben. Die Masse in Gläser füllen. Soviel Brühe dazugießen, daß die Wurstmasse 1 cm mit Flüssigkeit bedeckt ist. Bei 98°C in 1½ Stunden einkochen.

Tip: Erst nach 4 Wochen anschneiden.

Mosaikschinkenaufschnitt

1½ kg durchwachsenes
Schweinefleisch,
1½ kg halbgare
Schwarten,
1½ kg Eisbein
(oder Rindfleisch),
Brühe, Salz,
Zucker, Pfeffer,
Pökelsalz.

Das Schweinefleisch und die Schwarten mittelfein durchdrehen. Das gewürfelte Eisbein dazugeben. Mit den übrigen Zutaten vermengen und kräftig abschmecken. Den Fleischteig in Sturzgläser füllen und bei 98°C in 2 Stunden einkochen.

Pökelzunge

1 gut gereinigte
Rinderzunge,
Salz,
½ Teelöffel Pökelsalz.

Die Zunge mit 1 Eßlöffel Salz und Salpeter einreiben. Mit reichlich Salz bedeckt in einen Steintopf legen. An einem kühlen Ort 10 bis 12 Tage pökeln. Dabei täglich wenden. Dann abwaschen und im kochenden Wasser 3 Stunden garen. Haut abziehen und die Zunge kalt als Aufschnitt servieren.

Sülzkotelett

1 Kotelettstück,
2 Kalbsfüße,
Möhren, Essig,
Salz, Pfefferkörner,
Lorbeerblatt,
saure Gurken,
hartgekochte Eier.

Das Kotelettstück mit Kalbsfüßen, Möhren, Essig und Gewürzen kochen. Erkaltet in Scheiben schneiden. Diese Scheiben mit Möhren-, Gurken- und Eischeiben abwechselnd in Gläser schichten, mit Brühe auffüllen und bei 98 °C in 1 Stunde einkochen.

Gepökelter Nackenbratenaufschnitt

1 Nackenbraten,
Pökellake
aus 6 l Wasser,
900 g Salz,
1 Eßlöffel Zucker
und etwas Pökelsalz.

Wasser mit Salz, Zucker und Salpeter aufkochen. Erkalten lassen. Das Fleisch 8 bis 16 Tage in der Pökellake liegen lassen. Dabei gelegentlich wenden. Das Fleisch dann herausnehmen, abtrocknen und fest mit Band umwickeln. Ein paar Tage kalt räuchern.

Filetaufschnitt

500 g Gehacktes
vom Schwein,
250 g gekochte
Schwarten,
1 Stück vom Filet,
Salz, Pfeffer,
Pökelsalz.

Die heißen Schwarten fein durchdrehen, mit dem Gehackten mischen. Mit Salz und Pfeffer würzen. Das Filetstück mit Pökelsalz einreiben. Die Fleischmasse so um das Filet verteilen, daß es sich genau in der Mitte befindet. Portionsweise in Gläser oder Dosen füllen und bei 98 °C in 2 Stunden einkochen.

Wurstspezialitäten

Unechte Auerhahnwurst

3,75 kg derbes Kalbsfleisch,
2 kg Schweinefleisch,
1 kg sehnenfreies zartes Kalbfleisch,
600 g gekochte gepökelte Rinderzunge,
300 g Speck,
200 g Pistazien,
100 g Trüffeln,
1½ l Milch,
6 Eier,
40 g Vanillinzucker,
150 g Salz,
3 g Pfeffer,
etwas Muskatblüte.

Das derbe Kalbfleisch und das Schweinefleisch zusammen fein durchdrehen. Etwas salzen. Eier mit Milch und Vanillinzucker verquirlen. Zu der Fleischmasse geben. Gewürze dazugeben. Das abgebrühte zarte Kalbfleisch in 2 cm große Würfel, die Zunge und den abgebrühten Speck etwas kleiner schneiden. Pistazien und Trüffeln dazugeben und mit der anderen Fleischmasse mischen. Gut durchkneten und abschmecken. In Därme füllen und in 80 °C warmem Wasser 1½ Stunden sieden lassen. Danach in kaltem Wasser abbrühen und lufttrocknen lassen.

Gefüllter Schweinemagen

1,5 kg Schweinefleisch,
300 g Kartoffeln,
2 Zwiebeln,
4 Eßlöffel Schweineschmalz,
1 Bund Petersilie,
3 Eier,
5 Teelöffel Salz,
2 Teelöffel Pfeffer,
1 Teelöffel Majoran,
1 kräftige Prise Koriander,
1 Bund Suppengrün,
1 Schweinemagen,
Kochwasser.

Das Schweinefleich grob durchdrehen. Geschälte Kartoffeln fein würfeln. Zwiebeln schälen, grob hacken und in Schmalz goldgelb dünsten. Petersilie hacken. Alle Zutaten gut miteinander vermischen. Eier und Gewürze dazugeben. Gut durchkneten. Die Fleischmasse in den Schweinemagen füllen. Wasser mit Suppengrün zum Kochen bringen, den gefüllten Schweinemagen hineinlegen und bei schwacher Hitze 2½ Stunden garen.

Tip: Die Füllung des Schweinemagens erkaltet in fingerdicke Scheiben schneiden, in Schmalz braten. Mit Apfelsauerkraut und Kartoffelbrei servieren.

Eisbeinwurst

Eisbeine; auf 5 kg Eisbeinmasse:
100 g Salz,
30 g Pökelsalz,
15 bis 20 g weißer und schwarzer Pfeffer,
2 Suppenkellen Brühe.

Eisbeine kochen. Knochen herauslösen. Fleisch und Schwarte mittelfein durchdrehen. Das Mett gut würzen. Mit Brühe kräftig durchkneten. Die Wurstmasse in Gläser füllen; gut festdrücken. Bei 98 °C in 2 Stunden einkochen.

Eisbein in Aspik

1 ½ kg Eisbein,
Wasser nach Bedarf,
50 g Salz,
4 bis 6 Pfefferkörner,
knapp ⅛ l Essig.

Die gut gewaschenen Eisbeine werden mit soviel kaltem Wasser aufgesetzt, daß sie gerade bedeckt sind. Gewürze dazugeben und die Eisbeine garkochen. Das Fleisch von den Knochen lösen, in Würfel schneiden und in Gläser füllen. Die durchgesiebte, gut abgeschmeckte Brühe darüber gießen. Bei 85 bis 90°C in 1 Stunde einkochen.

Tip: Weil das Fleisch vorgekocht ist, reicht die Sterilisierzeit von 1 Stunde.

Saures Eisbein

2 dicke Eisbeine,
2 dicke Zwiebeln,
2 Eßlöffel Essig,
1 Prise Zucker,
1 Teelöffel Pökelsalz,
Pfeffer, Salz.

Die Knochen aus den Eisbeinen lösen. Schwarten und Fleisch durch die mittlere Scheibe des Fleischwolfes drehen. Feingewürfelte Zwiebeln, Essig, Zucker, Pökelsalz, Pfeffer und Salz dazugeben. Alles gut mischen. Die Wurstmasse in Gläser füllen und bei 98°C in 2 Stunden sterilisieren.

Gefülltes Eisbein

1 Eisbein,
½ Teelöffel Salz,
400 g Gehacktes vom Schwein,
je 1 Teelöffel Salz und Paprikapulver edelsüß,
½ Teelöffel Pfeffer,
2 Lorbeerblätter,
6 Wachholderbeeren,
1 Knoblauchzehe,
10 Pfefferkörner,
1 Zwiebel.

Knochen aus dem Eisbein lösen. Fleisch innen salzen. Das Gehackte mit Salz und Paprikapulver pikant würzen, in das Eisbein füllen und in ein Einmachglas geben. Die restlichen Gewürze und Zwiebelringe obenauf verteilen. Glas verschließen. Bei 98°C zwei Stunden einkochen.

Wurstspezialitäten

Brägenwurst

1 ½ bis 2 kg Gehacktes vom Schwein,
1 kg Bauchfleisch,
4 bis 5 Zwiebeln,
500 g bis 1 kg Weizenmehl, Salz, weißer Pfeffer, Brühe.

Gekochtes Bauchfleisch und Zwiebeln fein durchdrehen; mit den übrigen Zutaten mischen. Soviel Brühe zufügen, daß ein flüssiger Brei entsteht. Abschmecken. In Därme füllen und in 75°C warmen Wasser 1 Stunde sieden lassen; oder in Gläser füllen und bei 98°C einkochen.

Tip: Brägenwurst wird zu Eintopfgerichten gegessen.

Pinkelwurst

Zu gleichen Teilen Rindernierenfett und frische rohe Hafergrütze, reichlich gehackte Zwiebeln, Salz, Nelken, Pfeffer, Piment.

Das kleingehackte Fett mit Hafergrütze, die weder zu fein noch zu grob sein darf, mischen. Mit den übrigen Zutaten gut durcharbeiten. Locker in glatte dicke Därme füllen. Kalt räuchern.

Tip: Pinkelwurst wird mit Grünkohl oder Bohnensuppe gekocht.

Preßwurst

2,5 kg mageres Rindfleisch,
2,5 kg Speck,
Salz, Pfeffer, Piment.

Rindfleisch fein durchdrehen. Mit ganz fein gewürfeltem Speck, Salz, Pfeffer und Piment gut durchkneten. Die Wurstmasse in Rinderdärme füllen. Mit Salz bestreuen und über Nacht liegen lassen. Dann 12 Stunden pressen. Die Würste mit Papier umwickeln und 8 Tage kalt räuchern.

Einfache Grützwurst

1 Rinderkopf,
1 Schweinekopf,
Salz,
3 bis 4 Lorbeerblätter,
7 bis 8 dicke Zwiebeln,
7 bis 8 Nelken,
500 g Gerstengrütze,
Pfeffer, Muskat.

Die Köpfe in Salzwasser mit Lorbeerblättern, Zwiebeln und Nelken garkochen. Fleisch aus der Brühe nehmen und etwas abgekühlt mittelfein durchdrehen. Die Brühe durchsieben. 5 l Brühe abmessen. Darin die Grütze bei mäßiger Hitze und öfterem Umrühren halbgar kochen. Auf der abgeschalteten Platte ausquellen lassen. Das durchgedrehte Fleisch dazugeben. Mit soviel Brühe auffüllen, das eine dickflüssige Masse entsteht. Mit Salz, Pfeffer und Muskat kräftig ab-

schmecken. Die Wurstmasse in dünne Därme
füllen. Die Würste kurz überbrühen. Dann einfrieren.

Tip: Die gefrorenen Grützwürste werden gebra-
ten, in Stücke geschnitten und mit Brot zum
Abendessen serviert.
Sie können auch mehr Rindfleisch und weniger
Grütze nehmen. Dann schmeckt die Wurst noch
besser.

Würzige Grützwurst

500 g Schweine-
schwarten,
500 g Schweinefleisch,
750 g Schweineleber,
750 g Graupen,
Salz, Pfeffer, Piment,
Majoran.

Schwarten in 2 l Wasser 80 Minuten kochen.
Nach 15 Minuten das gewürfelte Fleisch, nach 1
Stunde die kleingeschnittene Leber dazugeben.
Wenn alles gar ist, aus der Brühe nehmen. In ¼ l
Brühe die Graupen bei milder Hitze ausquellen
lassen. Fleisch, Leber und Schwarten fein durchdrehen; etwas Brühe, die Gewürze und die Graupen dazugeben. Abschmecken. Die Wurstmasse
in eine Stoffserviette füllen, eine lange Wurst
formen und die Enden zubinden. In der restlichen
Brühe 20 Minuten sieden (nicht kochen!) lassen.

Tip: Grützwurst wird in Scheiben geschnitten
kalt oder gebraten mit Bratkartoffeln gegessen.

Thüringer Grützwurst

500 g Gerstengrütze
(= Graupen), 1 l Brühe,
200 g frischer Speck,
500 g Zwiebeln,
je 1 Teelöffel
gemahlener weißer
Pfeffer, Majoran
und Bohnenkraut,
1 l Schweineblut,
Salz nach Geschmack.

Grütze mit Brühe mischen und im geschlossenen
Topf im Backofen bei 200°C etwa 30 Minuten
garen. Speck fein würfeln und auslassen. Gewürfelte Zwiebeln darin glasig dünsten. Zu der Grütze geben und mit den Gewürzen abschmecken.
Die Masse etwas abkühlen lassen. Dann das Blut
unterrühren und nochmal abschmecken. Die
Masse in eine feuerfeste Form füllen und im
Backofen bei 225°C etwa 30 Minuten backen.

Tip: Frisch zubereitet wird Thüringer Grützwurst
zu Sauerkraut oder Grünkohl gegessen.

81

Wurstspezialitäten

Schwartenröllchen

Rohe Schwarten, Salz, Pfeffer, Mett, Brühe, Essig, Zwiebeln, Lorbeerblätter.

Die Schwarten in 10 × 10 cm große Stücke schneiden. Mit Salz und Pfeffer einreiben. Gesalzenes und gepfeffertes Mett auf die Schwarten verteilen. Aufrollen und fest mit Zwirnsfaden umwickeln. Die Röllchen in Essigbrühe mit Zwiebeln, Lorbeerblättern und Salz fast gar kochen. Etwas abkühlen lassen. Die Zwirnsfäden entfernen. Die Röllchen fest nebeneinander in Sturzgläser setzen, mit entfetteter Brühe übergießen und bei 98 °C in 1 Stunde sterilisieren.

Gerollter Aufschnitt

Schwarten (am besten vom Schweinebauch), Fleischscheiben vom Braten- oder Schnitzelstück, Salz, Pfeffer, Zwiebeln.

Die sorgfältig abgetrennten Schwarten werden in 14 cm breite und 5 cm lange Streifen geschnitten. Dünn mit Fleischscheibchen und Zwiebelwürfeln belegen; salzen und pfeffern. Aufrollen und mit Wurstgarn fest zubinden. Die Rollen in Gläser oder Dosen füllen. Brühe bis 3 cm unter den Rand dazugießen. Bei 98 °C in 1 Stunde einkochen.

Tip: Als Aufschnitt wird die Rolle in nicht zu dünne Scheiben geschnitten.

Röllchen in Gelee

Schwarten, Schweinefilet, Salz, Pfeffer, Zwiebeln, Lorbeerblatt, 1 Schweinepfote, Essig.

Die sauber abgetrennten Schwarten in längliche Stücke schneiden. Mit Filetstücken belegen. Zwiebelwürfel, Salz und Pfeffer darübergeben. Aufrollen und mit Bindfaden festbinden. 1 Schweinepfote (damit die Brühe besser geliert) in reichlich Wasser zum Kochen bringen. Salz, Pfeffer, Zwiebeln, Lorbeerblätter und Essig dazugeben. Die Röllchen darin kurz kochen. Die Röllchen herausnehmen, in Gläser oder Dosen füllen, mit geklärter Brühe übergießen und bei 98 °C in 1 Stunde einkochen.

Schwartenwurst

2,5 kg Schweinefleisch, 2,5 kg gekochte

Nicht zu fettes Schweinefleisch zuerst durch die grobe, dann durch die mittlere Scheibe des

Schwarten,
250 g Zwiebeln,
120 g Salz (davon die
Hälfte als Pökelsalz),
10 g Pfeffer,
1 Tütchen Kümmel,
1 Tütchen Senfkörner.

Fleischwolfes drehen. Gekochte Schwarten und die Zwiebeln fein durchdrehen. Alles mischen. Gut würzen und kräftig durchkneten. Die Wurstmasse in Schweinedärme füllen und schwach räuchern.

Tip: Sie können die Wurstmasse auch in Gläser füllen und bei 98 °C in 2 Stunden sterilisieren.

Gefülltes Bauchfleisch

1 Stück Bauchfleisch
(mit einer dünnen
Speckschicht),
Pökelsalz, Pfeffer,
Schinkenwurstmasse,
2 bis 3 Zwiebeln,
magere Fleisch-
stückchen.

Bauchfleisch mit Pökelsalz und Pfeffer einreiben. Mit Schinkenwurstmasse besteichen. Ein paar Fleischscheiben darauflegen. Zwiebeln schälen, in Ringe schneiden und darüber verteilen. Das Ganze aufrollen und fest mit Wurstgarn umwickeln. 2 Stunden kochen lassen. Aus der Brühe nehmen und bis zum Erkalten pressen.

Tip: Man kann das Bauchfleisch auch in Gläser füllen und bei 98 °C in 2½ Stunden einkochen. Gefülltes Bauchfleisch ist in Scheiben geschnitten ein pikanter Aufschnitt.

Speck im Glas

1 Seite durchwachsener
Bauchspeck ohne
Schwarte, 40 g Salz,
8 g Pfeffer,
750 bis 1000 g Zwiebeln.

Bauchspeck der Länge nach in 4 Streifen schneiden. Jeweils von einer Seite gut salzen und pfeffern. Die Streifen aufrollen und aufrecht in Sturzgläser stellen. Nochmals mit Salz und Pfeffer bestreuen. Zwiebeln schälen, in Ringe schneiden und auf den Speck geben, bis die Gläser gefüllt sind. Bei 98 °C in 2 Stunden sterilisieren.

Tip: Am besten schmeckt der Speck, wenn er einige Wochen gut durchgezogen ist. Der Speck wird in dünne Scheiben geschnitten mit den Zwiebeln als Brotbelag gegessen.

83

Wurstspezialitäten

Eingekochter Oberschenkel

4 Oberschenkel von den Hinter- und Vorderbeinen des Schweines; pro Pfund Fleisch: 8 g Pökelsalz, 2 g Pfeffer.

Die Oberschenkel auf Gläserhöhe zurechtschneiden. Den Knochen heraustrennen. Die Fleischstücke abwiegen, salzen und pfeffern, in Einkochgläser geben. Bei 98 °C in 2 Stunden sterilisieren.

Tip: In dünne oder dickere Scheiben geschnitten ist der eingekochte Oberschenkel ein köstlicher Brotbelag.
Sie können diesen Aufschnitt verfeinern, indem Sie die Oberschenkel mit gut gewürztem Mett füllen.

Salpeterfleisch

Brustfleisch vom Rind, Pökellake aus 6 l Wasser, 900 g Salz, etwas Zucker und Salpeter, Zwiebeln, Lorbeerblätter.

Wasser mit Salz, Zucker und Salpeter aufkochen; erkalten lassen. Das Rindfleisch für 14 Tage in die Pökellake legen. Dabei gelegentlich umdrehen. Dann herausnehmen, abtrocknen und mit reichlich Zwiebeln und ein paar Lorbeerblättern kochen. Das erkaltete Fleisch als Aufschnitt servieren.

Sauerfleisch

1 kg Schweinebauch (mit Schwarte), 1 Schweinefuß, je ⅛ l Essig und Wein, ½ l Wasser, 1 bis 2 Zwiebeln, Lorbeerblatt, Wacholderbeeren, Salz, Pfeffer, 1 Prise Zucker.

Das Fleisch in Stücke schneiden. Zusammen mit dem Schweinefuß, den Gewürzen und den Zwiebeln in Wasser, Wein und Essig weichkochen. Das Fleisch in Gläser schichten. Durchgesiebte Brühe darübergeben. Bei 98 °C in 1 Stunde sterilisieren.

Gehacktes in Dosen

5 kg Gehacktes, 10 Eier, 1 Weißbrot, Salz, Pfeffer.

Brot einweichen, gut ausdrücken und durch die feine Scheibe des Fleischwolfes drehen. Gehacktes mit Eiern, Brot und Gewürzen gut vermischen. Die Fleischmasse in Dosen (oder Gläser) füllen und bei 98 °C in 1½ Stunden sterilisieren.

Tip: Dieses Gehackte ist vielseitig zu verwenden, zum Beispiel als Aufschnitt, als Zutat für Aufläufe, oder es wird in dicke Scheiben geschnitten und paniert in der Pfanne gebraten.

Eiermett

5 kg durchwachsenes Schweinefleisch,
1 kg Schwarten,
10 bis 12 Eier,
150 g Salz,
15 g Pfeffer.

Schwarten kochen; dann zusammen mit dem Schweinfleisch fein durchdrehen. Eier, Salz, und Pfeffer dazugeben. Gut durchkneten. Das Mett in Sturzgläser füllen und bei 98°C in 2 Stunden einkochen.

Mett im Glas

1 kg Mett,
Pfeffer, Salz,
1 dicke Zwiebel,
1 Doppelwürfel Maggi,
Brühe.

Mett mit Pfeffer, Salz, Zwiebelwürfeln und in Brühe aufgelöstem Maggiwürfel gut durchkneten. Die Fleischmasse in Sturzgläser füllen. Brühe darübergießen, so daß das Mett mäßig bedeckt ist. Bei 98°C 2 Stunden lang einkochen.

Corned beef

4 kg Rindfleisch,
100 g Pökelsalz,
Wasser,
8 Porreestangen,
4 Zwiebeln,
1 Sellerieknolle,
1 kg Schwarten,
8 Päckchen gemahlene Gelatine,
Muskat, Maggi.

Rindfleisch in Streifen schneiden. Mit Pökelsalz bestreuen und mit soviel Wasser zum Kochen bringen, daß es knapp bedeckt ist. Porree, Zwiebeln und Sellerie zerkleinert dazugeben. Das Ganze 2 Stunden bei schwacher Hitze kochen lassen. Fleisch herausnehmen und mittelfein durchdrehen. Schwarten 30 Minuten kochen und ebenfalls durchdrehen, und zwar erst grob, dann fein. Gelatine mit kalter Brühe quellen lassen. In heißer Brühe auflösen. Fleisch und Schwarten dazugeben. Mit Maggi und Muskat abschmecken. Das Corned beef in Gläser oder Dosen füllen und bei 98°C in 1 Stunde einkochen.

Corned beef mit Oliven

Je ½ l Rotwein und Wasser,
4 Lorbeerblätter,
4 Peperoni,
2 Zwiebeln,
1 kg mageres gepökeltes Rindfleisch,
16 Blatt weiße Gelatine, Salz,
1 Glas Oliven (Abtropfgewicht 160 g).

Wasser, Rotwein, Lorbeerblätter, gewaschene und entkernte Peperoni und abgezogene Zwiebel erhitzen. Fleisch in dieser Brühe knapp 2 Stunden kochen. Lorbeerblätter entfernen. Fleisch herausnehmen, abkühlen lassen und in kleine Würfel schneiden (oder durch die gröbste Scheibe des Fleischwolfes drehen). Kochbrühe mit heißem Wasser auf 1 l auffüllen. Gelatine darin auflösen. Mit Salz abschmecken. Abgetropfte Oliven mit dem Fleisch mischen, in ein Gefäß füllen und mit Brühe übergießen und erstarren lassen.

Wurstgerichte für den kleinen Imbiß

Panhas

1 l Wurstebrühe,
250 g (Buch-)
Weizenmehl,
1 Zwiebel,
Speckwürfel,
eventuell Wurstreste.

Mehl in die warme Brühe rühren. Speckwürfel, Wurstreste und Zwiebel dazugeben. Zum Kochen bringen und unter ständigem Rühren 15 Minuten kochen lassen. Die Masse in eine mit kaltem Wasser ausgespülte Form geben und kalt stellen.

Tip: Panhas wird in Scheiben geschnitten und von beiden Seiten in Fett gebraten. Man serviert dazu Bratkartoffeln und frischen Salat oder Kartoffelsalat oder Apfelmus.

Feiner Panhas

250 g gemischtes
Hackfleisch,
250 g frische
Leberwurst,
250 g frische Blutwurst,
3 Zwiebeln,
2 Eßlöffel
Schweineschmalz,
1 Teelöffel Majoran,
Salz, Pfeffer,
1 ½ l Brühe,
1 Tasse Blut,
125 bis 200 g
(Buch-)Weizenmehl.

Zwiebeln schälen, fein würfeln und in Schmalz glasig dünsten. Hackfleisch, Leber- und Blutwurst dazugeben. Kräftig braten, dabei öfters wenden. Mit Majoran, Salz und Pfeffer würzen. Dann Brühe und Blut zugießen. Kurz aufkochen lassen. Mit Mehl andicken. Unter ständigem Rühren 15 Minuten kochen lassen. Die Fleischmasse heiß in mit kaltem Wasser ausgespülte Formen füllen.

Tip: Dieser Panhas schmeckt am besten warm zu Salzkartoffeln und Sauerkraut.

Wurstgerichte für den kleinen Imbiß

Leberpfannkuchen

Reste von
Leberwurstmasse,
Mehl, Bratfett.

Die Reste der Leberwurstmasse, die keine ganze Wurst mehr ergeben, werden mit Mehl angedickt. Pfannkuchen in Größe üblicher Reibeplätzchen daraus formen und in Fett braten.

Tip: Auf die gleiche Weise erhalten Sie aus den Blutwurstresten Blutpfannkuchen.

Kröse (Wurstegrütze)

3 l Wurstebrühe,
300 g Hafergrütze,
2 Eßlöffel frisches
Schweineblut,
Salz und Pfeffer
nach Belieben,
etwas Piment und/oder
Muskatblüte.

Hafergrütze in der Wurstebrühe garkochen. Dabei öfter umrühren. Zum Schluß Blut, Salz, Pfeffer, Piment und/oder Muskatblüte dazugeben und nochmal kurz aufkochen. Die Masse muß breiartig sein. Falls sie zu steif ist, noch etwas Brühe dazugeben.

Tip: Kröse bzw. Wurstegrütze ist eine Spezialität aus dem Sauerland. Sie wird warm zu Brot oder Pellkartoffeln gegessen.

Münsterländer Töttchen

700 g Kalbsbrust,
-schulter oder -kopf,
2 Zwiebeln, 1 Nelke,
1 Lorbeerblatt,
2 Eßlöffel Pflanzenfett,
3 Eßlöffel Mehl,
1 Teelöffel Salz,
1 Eßlöffel Senf,
etwas Worcestersoße.

Kalbfleisch mit 1 Zwiebel, Lorbeerblatt und Nelke in 1½ l Wasser rund 1½ Stunden kochen. Fleisch aus der Brühe nehmen, etwas abkühlen lassen; dann von Fett und Sehnen befreien und in Würfel schneiden. Brühe durchsieben. Aus Pflanzenfett und Mehl eine Schwitze bereiten, gewürfelte Zwiebel dazugeben. Mit Brühe ablöschen. Kurz aufkochen lassen. Fleischwürfel dazugeben. Mit Senf und Worcestersoße abschmecken.

Möpkenbrot

1 kg Grieben,
1 l Wurstebrühe,
1 l Blut,
1 kg Roggenschrot,
1 kg Weizenmehl,
Piment, Muskatnuß,
Salz und gemahlene
Nelken nach
Geschmack.

Alle Zutaten miteinander vermengen, so daß ein dicker zäher Brei entsteht. Die Masse in weite Papierdärme füllen und in kochendem Wasser 1½ bis 2 Stunden garen.

Tip: Möpkenbrot läßt sich eingefroren gut bevorraten.

Gegessen wird Möpkenbrot kalt mit Butter oder

Rübenkraut bestrichen. Man kann es aber auch mit Apfelscheiben und Schmalz in der Pfanne braten und dann warm essen.

Wurstebrot

Schweineblut,
Fleischbrühe,
überbrühte
Speckwürfel;
auf 1 kg Masse:
1 kg Roggenschrot,
16 g Salz, 1,5 g Pfeffer,
gemahlene Nelken
(oder Piment)
und Kardomom
nach Geschmack.

Das durchgesiebte warme Blut mit Fleischbrühe mischen. Speckwürfel und soviel Roggenschrot dazugeben, daß eine dickliche Masse entsteht. Gut würzen. Den Wurstebrei in weite Papierdärme füllen und dann 2½ Stunden bei 75 °C sieden lassen.

Tip: Das Wurstebrot wird in fingerdicke Scheiben geschnitten, kross gebraten und mit geschmorten Apfelscheiben serviert. Man kann es auch mit etwas Wasser zu Brei kochen.

Stippgrütze

5 l Brühe,
500 g Graupen,
Fleischreste,
gekochte Schwarten,
Zwiebeln, Salz,
Pfeffer, Piment,
Muskat, Thymian,
Maggiwürze.

Die Graupen 2 Stunden in der Brühe kochen. Das Fleisch und die durchgedrehten Schwarten dazugeben. Das Ganze unter Rühren zum Kochen bringen. 30 Minuten quellen lassen. Dann gehackte Zwiebeln und Gewürze dazugeben. Erneut durchkochen lassen. Abschmecken. Die fertige Grütze in Schüsseln füllen, nach dem Erkalten stürzen und einfrieren.

Preßkopf

1 Schweinekopf,
Salz, Pfeffer, Piment,
Salzlake (mit 50 g Salz
auf 1 l Wasser).

Den Schweinekopf weichkochen und die Knochen entfernen. Die inneren Seiten mit Salz, Pfeffer und Piment bestreuen. Die Hälften zusammenklappen, in ein Tuch einwickeln und 24 Stunden so beschweren, daß sie fest aufeinander gepreßt werden. Den Preßkopf mindestens 8 Tage in Salzlake legen. Darin hält er sich mehrere Wochen.

Tip: Preßkopf wird kalt aufgeschnitten und mit Remouladensoße serviert.

Wurstgerichte für den kleinen Imbiß

Süß-saures Eisbein

Eisbein,
Salzwasser, Zwiebeln,
Lorbeerblatt,
Salz, Pfeffer,
etwas Zucker,
1 Schuß Essig,
Trockenpflaumen,
etwas Mehl.

Das Eisbein mit Zwiebeln und Lorbeerblatt in Salzwasser garkochen. Das Fleisch in Würfel schneiden. Brühe darübergießen. Mit Salz, Pfeffer, Zucker und Essig abschmecken. Trockenpflaumen weichkochen und dazugeben. Mit etwas Mehl andicken. In eine Form füllen und erkalten lassen.

Tip: Süß-saures Eisbein wird mit Salzkartoffeln und Salat serviert.

Die restliche Fleischbrühe kann man einkochen und später als Suppengrundlage verwenden.

Wurstebrei

1 kg feine Gerstegrütze,
1 kg Leberwurstmasse,
½ kg Kesselfleisch
(Kopfteile, Lunge,
Bauchfleisch),
Brühe, Salz, Pfeffer,
Piment.

Die Grütze in der Brühe kochen, bis sie langsam dicklich wird. Leberwurstmasse und Kesselfleisch dazugeben. Mit Salz, Pfeffer und Piment abschmecken.

Tip: Der Wurstebrei wird mit Kartoffeln und Gewürzgurken gegessen.

Wurstebrei hält sich mehrere Tage im Kühlschrank. Er läßt sich auch gut portionsweise einfrieren.

Jagdwurstpfanne

500 g Jagdwurst,
2 Eßlöffel Öl,
1 Salatgurke,
1 Zwiebel, Salz,
Pfeffer, 2 große Äpfel,
Dill.

Jagdwurst in dünne Scheiben schneiden und diese von beiden Seiten in heißem Öl knusprig braten. Gurke und Zwiebel schälen, in Scheiben schneiden und zur Wurst in die Pfanne geben. Salzen und pfeffern. 5 Minuten braten. Äpfel schälen, vierteln, vom Kerngehäuse befreien und dazugeben. Weitere 5 Minuten braten. Mit reichlich Dill bestreut heiß in der Pfanne servieren.

Wurstgulasch

500 g Fleischwurst,
3 Zwiebeln,
500 g Kartoffeln,

Zwiebeln in Würfel schneiden und in Butter glasig dünsten. Tomaten enthäuten und in Scheiben schneiden, Paprika in Streifen schneiden und

2 bis 3 rote und
grüne Paprikaschoten,
500 g Tomaten,
50 g Butter,
1 ½ Tassen Brühe,
3 Eßlöffel saure Sahne,
Salz, Pfeffer.

beides zu den Zwiebeln geben. Kurz anschmoren. Kartoffeln schälen, würfeln und mit der Brühe zu dem Gemüse geben. Bei schwacher Hitze 20 bis 25 Minten garen. Fleischwurst in ½ cm dicke Scheiben schneiden und würfeln. Wurstscheiben zum Gemüse geben und kurz mit erhitzen. Das Gulasch mit Sahne verfeinern. Mit Salz und Pfeffer abschmecken.

Wurstdoppeldecker

200 g Streichmettwurst,
200 g Zwiebelwurst,
200 g Schinkenspeck
(in Scheiben),
etwas Butter,
3 Eßlöffel
mittelscharfer Senf,
3 Gewürzgurken,
5 Radieschen,
2 Zwiebeln,
8 Scheiben
Schwarzbrot,
1 Tomate.

Die Schwarzbrotscheiben erst dünn mit Butter, dann ebenso dünn mit Senf bestreichen. 4 Scheiben jeweils mit den beiden Wurstsorten bestreichen und den Speck darauf verteilen. Mit Gurken- und Radieschenscheiben sowie Zwiebelringen belegen. Die restlichen 4 Schwarzbrotscheiben darauf legen. Doppeldecker in Stücke schneiden und mit Tomatenachteln garniert servieren.

Schlemmerhappen

Für den Quarkölteig:
250 g Quark,
500 g Mehl, 75 ml Öl,
1 Prise Salz,
1 Päckchen Backpulver;
für die Füllung:
1 Ecke Schmelzkäse,
in Würfel
geschnittener
Schinken,
Schnittlauch;
zum Bestreichen:
1 Eigelb.

Einen Quarkölteig herstellen, ausrollen und Kreise mit 15 cm Durchmesser ausstechen. Schmelzkäse mit Schinkenwürfeln und Schnittlauchröllchen verrühren. Die Füllung auf den Teig geben. Zusammenklappen. Die Ränder mit einer Gabel dekorativ festdrücken. Die Teigtaschen mit verquirltem Eigelb bestreichen. Bei 175 bis 200°C etwa 20 Minuten backen. Die Taschen quer durchschneiden und warm zum Kaffee oder zum Abendbrot servieren.

Tip: Sie können die Schlemmerhappen auch mit Hackfleisch füllen.

91

Wurstgerichte für den kleinen Imbiß

Leichter Wurstsalat

2 Eßlöffel Essig,
Selleriesalz,
1 Prise Zucker,
1 Teelöffel Senf,
4 Eßlöffel Öl,
100 g Fleischwurst,
200 g Bierschinken,
2 Eßlöffel Kapern,
2 kleine Äpfel.

Aus Essig, Selleriesalz, Zucker und Öl eine Marinade rühren. Die Wurst in feine Streifen schneiden. Kapern abtropfen lassen. Äpfel schälen und fein stifteln. Alles mit der Marinade vermischen und kurz durchziehen lassen.

Wurstnester

1 Porreestange,
2 kleine Äpfel,
50 g Mayonnaise,
1 Prise Zucker,
1 Teelöffel Zitronensaft,
abgeriebene
Zitronenschale,
4 Scheiben Jagdwurst
oder Bierschinken,
1 Eßlöffel Öl.

Porreestange putzen. Äpfel schälen; beides in feine Würfel schneiden. Mayonnaise mit Zucker, Zitronensaft und Zitronenschale mischen. Porree- und Apfelwürfel unterheben, abschmecken. Öl in der Pfanne sehr heiß werden lassen. Die Wurstscheiben ganz kurz in die Pfanne geben, bis sie sich wölben. Dann sofort herausnehmen und mit dem Porreesalat füllen.

Tellersülze

6 Eßlöffel Portwein,
2 Eßlöffel Sojasoße,
1 Eßlöffel Essig,
1 halbierte Zwiebel,
2 Lorbeerblätter,
Salz, 1 Päckchen
gemahlene weiße
Gelatine,
4 Scheiben Salami,
4 Scheiben
gekochter Schinken,
4 Essiggürkchen,
4 Maiskölbchen,
4 Eßlöffel Erbsen,
1 Bund feingehackte
Petersilie.

Portwein, Sojasoße und Essig mit ¼ l Wasser zum Kochen bringen; Zwiebel und Lorbeerblatt dazugeben, salzen. Zwiebel und Lorbeerblätter aus dem Sud nehmen, gequollene Gelatine einrühren; abkühlen lassen. Je eine Scheibe Schinken und Salami – zu flachen Tüten gerollt – in vier Suppenteller legen. In Fächer geschnittene Gürkchen, Maiskölbchen udn Erbsen drumherum anrichten. Petersilie darüber streuen. Die Gelatineflüssigkeit darübergießen. Die Sülze erkalten lassen. Mit Remouladensoße und Brot servieren.

Leberwursthappen

Grobe und feine Leberwurst, runde Pumpernickelscheiben, Butter, 1 kleiner Apfel, 1 kleine Zwiebel.

Leberwurst auf die gebutterten Pumpernickeltaler streichen. Mit Apfelscheiben und Zwiebelringen garnieren.

Wurstspieße mit Tomatenreis

2 Bratwürste (gebrüht), 250 g Rosenkohl, Salz, Zucker, 250 g durchwachsener Speck, 2 Tassen Langkornreis, 1 kleine Dose Tomaten, Pfeffer, Rosmarin, Thymian.

Rosenkohl in kochendem Salzwasser mit 1 Teelöffel Zucker 15 Minuten kochen lassen, abtropfen. Würste in dicke Scheiben schneiden. Speck in dünne Scheiben schneiden. Rosenkohlröschen in Speckscheiben wickeln und abwechselnd mit der Wurst auf Holzspieße stecken. Die Spieße rundherum knusprig braun grillen.

Für den Reis die Tomaten und ihren Saft in einen Meßbecher füllen und die Flüssigkeit auf ein ½ l auffüllen.

Tomatenflüssigkeit mit Pfeffer, Rosmarin, Thymian, Salz und einer Prise Zucker zum Kochen bringen; Reis einstreuen und 15 Minuten quellen lassen. Mit den Spießen servieren.

Gebratene Plockwurstbrote

4 Scheiben kräftiges Mischbrot, 2 Eßlöffel Butter, 4 Scheiben Plockwurst, 2 Eßlöffel Butter, 4 Eier, Pfeffer und Salz, Gewürzgurken.

Brot buttern, mit der Plockwurst belegen; Wurst gut andrücken. In einer Pfanne die Butter zerlassen; die Brote mit der Wurstseite nach unten ganz kurz braten; herausnehmen. In derselben Pfanne vier Spiegeleier braten und auf die Brote verteilen. Pfeffern, salzen und mit Gewürzgurken servieren.

Wurstgerichte für den kleinen Imbiß

Mett-Toast

Mettfleisch,
4 Scheiben Toastbrot,
20 g Butter,
1 kleine Dose Spargel,
4 Eier, Salz, Pfeffer,
gehackte Petersilie,
1 Tomate, Schnittlauch.

Mettfleisch in dicke Scheiben schneiden und kurz anbraten. Toastbrot rösten, buttern. Mett darauf verteilen. Mit heißen Spargelstangen belegen, Rührei herstellen und darüber geben. Mit Petersilie und Schnittlauchröllchen bestreuen. Mit einer Tomatenscheibe garnieren.

Tip: Statt Rührei paßt auch eine Käsesoße zu diesem Toast.

Bratwurst im Blätterteig

4 Bratwürste (à180 g),
60 g Leberwurst,
4 kleine Scheiben
Emmentaler, 2 Platten
Tiefkühl-Blätterteig,
1 Eigelb.

Den aufgetauten Blätterteig ausrollen und jede Platte quer halbieren. Mit der Leberwurst bestreichen und je eine Käsescheibe darauf legen. Bratwürste brühen, abschrecken; mit je einer Teigscheibe (diagonal) einrollen, so daß die Würste rechts und links herausschauen. Mit Eigelb bestreichen und auf einem mit kaltem Wasser abgespülten Backblech im vorgeheizten Ofen 18 bis 20 Minuten backen.

Fleischspezialitäten vom Schlachtfest

Sauerbraten

10 l Wasser,
1 ½ Flaschen
Weinessig,
½ Flasche Rotwein,
1 Eßlöffel Zucker,
5 Lorbeerblätter,
5 Zwiebeln,
5 bis 6 kg Rindfleisch.

Wasser mit Weinessig, Rotwein, Zucker, Lorbeerblättern und Zwiebeln aufkochen. Die Fleischstücke kurz in den heißen Sud tauchen, herausnehmen und den Sud erkalten lassen. Dann wieder über das Fleisch gießen, so daß es gut bedeckt ist. Kalt stellen und je nach Geschmack 8 bis 14 Tage stehen lassen. Dann das Fleisch einfrieren und später wie gewohnt braten.

Schlachtepfeffer

Knochen,
Schweinenacken,
Pfötchen,
restliches Kleinfleisch,
Wasser, Salz,
2 Zwiebeln,
2 Lorbeerblätter,
6 Pfefferkörner,
1 Prise Zucker,
2 Hände voll
getrockneter Pflaumen,
250 g Rübenkraut,
etwas Mehl und Essig.

Knochen, Schweinenacken, Pfötchen und Kleinfleisch mit Wasser und Salz zum Kochen bringen. Zwiebeln, Lorbeerblätter, Pfefferkörner, Zucker und getrocknete Pflaumen dazugeben. Kochen, bis alles gar ist. Fleisch und Rübenkraut dazugeben. Mit etwas Mehl binden und mit Essig abschmecken.

Fleischspezialitäten vom Schlachtfest

Pfefferpotthast

1 kg Rind- oder Schweinefleisch, 750 g Zwiebeln, etwas Butter, Salz, Lorbeerblatt, gemahlene Nelken, Pfeffer, Paniermehl.

Das Fleisch grob würfeln und in kochendes Wasser geben. Salz, Nelken und Lorbeerblatt dazugeben. 1 Stunde kochen lassen. Die gewürfelten Zwiebeln in etwas Butter dünsten und 10 Minuten mit dem Fleisch kochen. Kräftig mit Pfeffer abschmecken und mit Paniermehl binden.

Zungenragout

1 Rinderzunge (etwa 1 ½ kg), Salz, Pefferkörner, Lorbeerblatt, Zwiebeln, Suppengrün, Madeira (oder Rotwein), 50 g Butter, 20 g Mehl, etwas Zucker, Zitronensaft, 1 Dose Champignons.

Die Zunge erst tüchtig wässern. Dann in Salzwasser mit Pfefferkörnern, Lorbeerblatt und Zwiebeln 3 Stunden kochen. Nach 1 Stunde das Suppengrün dazugeben. Die Zunge aus der Brühe nehmen, die Haut abziehen. Aus Butter, Mehl und angebräuntem Zucker eine dunkle Schwitze zubereiten. Mit etwas Madeira und Brühe ablöschen. Zitronensaft dazugeben. Mit Salz und Pfeffer abschmecken. Champignons in etwas Butter andünsten. Zunge in feine Würfel schneiden. Beides in die Soße geben und noch etwas einkochen lassen.

Tip: Das Zungenragout wird als Füllung in Blätterteigpasteten serviert.

Schweineragout

750 g Schweineschulter, 1 Möhre, 3 mittelgroße Zwiebeln, 1 Lorbeerblatt, 2 Nelken, etwas Kümmel und Pfeffer, ½ l Weißwein, 50 g Speck, 1 Eßlöffel Butter, Salz, 2 Eßlöffel Mehl, 1 Tasse Brühe, etwas Zitronensaft.

Schweineschulter mit Möhre, Zwiebeln, Lorbeerblatt, Nelken, Kümmel und Pfeffer in Wasser 2 Stunden kochen. Fleisch herausnehmen und in Würfel schneiden.

Speck auslassen. Mit Mehl eine Schwitze herstellen. Mit Wein aufgießen. Eventuell noch etwas Brühe dazugeben. Mit Butter verfeinern. Mit Salz und Zitronensaft abschmecken. Die Fleischwürfel dazugeben.

Tip: Dieses Schweineragout schmeckt gut auf getoastetem Brot zum Abendessen.

Gebratenes Gehirn

1 Gehirn,
Zitronenscheiben,
Butter,
2 bis 3 Zwiebeln,
Salz, 1 Ei.

Das Gehirn enthäuten und mit Zitronenscheiben belegen. 30 Minuten so liegen lassen. Dann das Gehirn mit gehackten Zwiebeln in Butter braten. Salzen. Mit einem verquirlten Ei übergießen und hellbraun werden lassen.

Lungenhaschee

1 gewässerte Lunge,
Bratfett, Wasser,
Essig, Wein,
1 Zwiebel, Salz,
Pfeffer,
Sardellenpaste.

Die Lunge in kleine Stücke schneiden und anbraten. Mit etwas Wasser, Wein und Essig ablöschen. Das Lungenhaschee garschmoren. Mit gehackter Zwiebel, Salz, Pfeffer und Sardellenpaste würzen.

Tip: Mit einer kräftigen dunklen Soße servieren.

Schweinefleischrolle (Saure Rolle)

1 große Schwarte
(vom jungen Schwein),
gewürztes Mett,
Zwiebeln,
Lorbeerblätter,
Pfefferkörner,
Salz, Essig.

Die Schwarte mit Mett füllen; aufrollen und fest zuklammern oder zubinden. Wasser mit Zwiebeln, Lorbeerblättern, Pfefferkörnern, Salz und Essig zum Kochen bringen. Die Rolle darin garkochen. Dann die Rolle in einen Steintopf geben. Brühe durch ein Sieb gießen, etwas einkochen lassen und über die Rolle gießen. Die saure Rolle ist so mehrere Wochen haltbar.

Tip: Die saure Rolle wird in Scheiben geschnitten mit Kräutersoße serviert.

Gefüllte Rippe

1 Rippenstück
vom Schwein,
Salz, Pfeffer,
Trockenobst (Pflaumen,
Aprikosen, Äpfel),
Zwiebeln, Bratfett.

Das Rippenstück so zurechtschneiden, daß man es füllen und übereinanderschlagen kann. Innen und außen salzen und pfeffern. Mit Trockenobst füllen. Die obere Seite darüberschlagen und fest zubinden. Mit Zwiebeln 2 ½ Stunden braten.

Tip: Dieses Fleischstück läßt sich auch wunderbar grillen.

Fleischspezialitäten vom Schlachtfest

Gefüllter Schweinebraten

1 länglicher gewürzter Schweinbraten;
für die Füllung:
500 g gewürztes Mett,
200 g feingewürfelter Edamer Käse,
1 Glas blättrig geschnittene Champignons,
100 g Paprikastreifen (aus dem Glas),
Petersilie.

Mett mit Käse, Champignons, in feine Würfel geschnittenen Paprikastreifen und gehackter Petersilie mischen. Das Bratenstück in der Mitte tief einschneiden. Mit der Wurstmaschine die Füllung hineinstopfen. Zunähen und wie gewohnt braten.

Gefüllter Schweinenacken

1 kg Scheinenacken,
Salz, Pfeffer, Paprika,
180 g geräucherte Mettendchen;
für die Marinade:
⅛ l helles Bier,
1 Eßlöffel gerebbelter Thymian.

Das Fleisch von außen salzen und würzen. In den Schweinenacken seitlich eine Tasche schneiden. Wurst in dünne Scheiben schneiden, in die Tasche füllen; mit Rouladennadeln zustecken. Wie gewohnt grillen (oder braten). Bier mit Thymian verrühren und den Schweinenacken damit hin und wieder bestreichen.

Geräucherte Schweinebacke mit Bohnen

500 g geräucherte Schweinebacke,
600 g weiße Bohnen,
750 g Kartoffeln,
2 bis 3 Zwiebeln,
Salz, Pfeffer,
Petersilie.

Weiße Bohnen waschen und über Nacht einweichen. In dem Einweichwasser zum Kochen bringen. Zwiebeln in Scheiben schneiden. Mit der geräucherten Schweinebacke zu den Bohnen geben. Salzen und pfeffern. Wenn das Gericht fast gar ist, die in Würfel geschnittenen Kartoffeln dazugeben. Fertigkochen. Fleisch herausnehmen, in Scheiben schneiden. Das Gemüse abschmecken, mit gehackter Petersilie bestreuen und mit dem Fleisch zu Tisch bringen.

Schweinebauch mit Linsen

500 g Linsen,
400 g Schweinebauch,
1 Lorbeerblatt,
1 Zwiebel, 4 Nelken,

Die gewaschenen Linsen mit dem Schweinebauch, genügend Wasser, Lorbeerblatt und Zwiebel, in die man die Nelken gesteckt hat, so lange kochen, bis sie halbgar sind. Suppengrün und die

Suppengrün,
600 g Kartoffeln,
Salz und Pfeffer.

in Würfel geschnittenen Kartoffeln dazugeben.
Fertigkochen. Pikant abschmecken.

Zigeunerbraten

1 mageres Stück
Schweinebauch mit
Rippenfleisch,
Pfeffer;
für die Füllung:
1 ½ kg Schweinehack,
16 g Salz,
3 g weißer Pfeffer,
4 Zwiebeln.

Die Knochen aus dem Fleischstück entfernen, größere Speckschichten abtrennen. An der Rippenseite eine Tasche in das Fleisch schneiden und aufklappen. Mit Pfeffer und Paprika würzen. Schweinehack mit Salz und Pfeffer gut durchkneten und in die Tasche füllen. Mit Zwiebelringen belegen. Fest aufrollen und mit Wurstband umwickeln. Wie gewohnt braten. Nicht mehr würzen.

Pfeffriges Bierfleisch

600 g Schweinefleisch
(aus der Schulter),
300 g Zwiebeln,
50 g Schweineschmalz,
½ l helles Bier,
1 Eßlöffel Paprika
edelsüß,
1 Teelöffel Kümmel,
2 Scheiben geriebenes
Schwarzbrot,
Salz, frisch gemahlener
schwarzer Pfeffer.

Schweinefleisch in Würfel schneiden. Zwiebel fein hacken, in Schmalz goldgelb anbraten. Fleisch dazugeben und ebenfalls anbraten. Etwas Bier dazugießen. Mit Paprika und Kümmel würzen. Die Hälfte des restlichen Bieres zufügen und zugedeckt 45 Minuten schmoren lassen. Geriebenes Schwarzbrot und das restliche Bier zugeben. Weitere 15 Minuten schmoren. Zum Schluß mit Salz und viel Pfeffer abschmecken.

Geräucherte Rippe

1 Rippenstück,
Lake (mit 30 g Salz
auf 1 l Wasser).

Das dick ausgelöste Rippenstück 3 Tage in Salzlake legen. 1 Tag zum Trocknen aufhängen. Dann 4- bis 5mal räuchern. Portionsweise einfrieren.

Tip: Besonders gut schmeckt die geräucherte Rippe zu Sauerkraut und Gemüseeintöpfen.

Fleischspezialitäten vom Schlachtfest

Geräucherte Schweinebacke mit Zwiebeln

1 geräucherte Schweinebacke (halber Kopf) mit Schwarte,
2 g Pfeffer,
500 bis 600 g Zwiebeln.

Die geräucherte Schweinebacke mit Wasser bedeckt 1 Stunde kochen. Backe herausnehmen und die Schwarte bis zum Rand auftrennen, anheben, pfeffern und mit Zwiebelscheiben dick belegen. Mit 15 Eßlöffeln heißer Brühe übergießen. Die Schwarte wieder auflegen. Eine Gabel durch die Schwarte in das Fleisch stechen. Das Ganze für 2 Tage in den Keller stellen. Schwarte abtrennen, Zwiebeln runternehmen und das Fleisch in dünne Scheiben schneiden. Mit den Zwiebeln servieren.

Schweinerouladen mit Sauerkrautfüllung

Bauchfleisch,
Salz, Pfeffer,
Sauerkraut, Zwiebeln,
Bratfett.

Aus Bauchfleisch rouladengroße, 2 cm dicke Stücke schneiden. Von beiden Seiten salzen und pfeffern. Auf jede Roulade eine Handvoll Sauerkraut und feingewürfelte Zwiebeln geben. Aufrollen und feststecken. Von allen Seiten kräftig anbraten und 30 Minuten schmoren lassen.

Tip: Diese Roulade läßt sich fix und fertig aufgerollt gut roh einfrieren.

Minutenfleisch

500 g mageres Schweine- oder Rindfleisch, Bratfett,
500 g Kartoffeln,
Salz, Pfeffer,
2 bis 3 Zwiebeln.

Fleisch und Kartoffeln in Würfel schneiden. Fleisch in heißem Fett anbraten. Kartoffeln und gewürfelte Zwiebeln dazugeben. Mit Salz und Pfeffer würzen.

Tip: Mit Salat servieren.

Würzfleisch

Rindfleisch (vom Kopf und Hals),
Salzwasser, Zwiebeln,
Lorbeerblätter,
Nelken, Butter,
gekochter Reis,
Salz, Pfeffer,

Das von Knochen befreite Fleisch in Salzwasser mit Zwiebeln, Lorbeerblättern und Nelken garkochen. Das Fleisch mittelfein durchdrehen. Grob gehackte Zwiebeln in Butter schmoren, ebenfalls durchdrehen, Fleisch und Zwiebeln nach Belieben mit gekochtem Reis vermengen. Würzen und gut durchkneten. Würzfleisch einfrieren.

Piment, Muskat,
Worcestersoße.

Tip: In Butter gebraten wird Würzfleisch zu Salz-kartoffeln und Kopfsalat, Bohnensalat, Gurken-salat oder Zuckergurken serviert.

Gefüllte Kalbsbrust

1 Kalbsbrust;
für die Füllung:
1 Zwiebel, 20 g Fett,
150 g eingeweichtes
Weißbrot,
150 g Hackfleisch
(halb und halb),
Salz, Muskat, Pfeffer,
1 Ei, 2 bis 3 kleine
Gewürzgurken,
2 bis 3 hart-
gekochte Eier.

Zwiebel würfeln und in Fett dünsten. Hackfleisch mit Zwiebelwürfeln, ausgedrücktem Weißbrot, Gewürzen und Ei vermischen. Kräftig abschmek-ken. In die Kalbsbrust eine Tasche schneiden. Die Füllung hineingeben. Hartgekochte Eier und Ge-würzgurken darauf verteilen. Die Tasche zunä-hen oder zustecken. Im Backofen bei 180 bis 200°C 1½ bis 2 Stunden garen.

Tip: Kalt aufgeschnitten schmeckt der Bratenrest als Aufschnitt sehr gut.

Leberröllchen

Je 4 Scheiben Leber und
gekochter Schinken,
50 g feingewürfelter
Speck, 1 Brötchen,
1 Eßlöffel
gehackte Petersilie,
Salz, Pfeffer,
Paprikapulver,
60 g Butter,
etwas saure Sahne,
1 Tasse Fleischbrühe,
1 Eßlöffel Mehl,
Paprika, Salz, Pfeffer.

Leberscheiben mit Schinken belegen. Speck mit eingeweichtem Brötchen und Petersilie vermi-schen; abschmecken. 1 Teelöffel von dieser Mas-se auf jede Schinkenseite geben; aufrollen; fest-stecken. Röllchen in Butter von allen Seiten an-braten; mit Fleischbrühe und Sahne auffüllen; kurz durchschmoren lassen. Soße mit Mehl bin-den. Mit Salz, Pfeffer und Paprika würzen.

Fleischspezialitäten vom Schlachtfest

Leberragout im Käsering

500 g Schweineleber,
2 kleine Zwiebeln,
1 Eßlöffel Öl,
1 kleine Dose
Tomaten (500 g),
2 cl Sherry, Majoran,
Pfeffer, Salz,
1 Bund Petersilie,
250 g Langkornreis,
2 Eßlöffel Butter,
50 g geriebener Käse.

Leber in Streifen schneiden und in Öl anbraten. Gehackte Zwiebeln, leicht zerdrückte Tomaten, Sherry, Pfeffer, Salz und Majoran dazugeben. 10 Minuten schmoren lassen. Reis in ½ l Salzwasser kochen. Eine Ringform mit 1 Eßlöffel Butter ausfetten. Ausgequollenen, abgetropften Reis mit der restlichen Butter und dem Käse mischen, in die Ringform drücken und auf eine Platte stürzen. Ragout abschmecken und in den Ring füllen. Mit gehackter Petersilie bestreuen.

Tellersülze nach Gutsfrauenart

500 g Schweinebauch,
Salz, 4 Pfefferkörner,
1 Zwiebel,
1 Lorbeerblatt,
etwas Essig,
2 bis 3 Gewürzgurken,
1 Teelöffel
Aspikpulver
(oder gemahlene
Gelatine).

Den Schweinebauch mit Wasser bedeckt und mit Salz, Pfefferkörnern, Zwiebel, Lorbeerblatt und Essig zum Kochen bringen. Entschäumen. Fleisch garkochen. Abkühlen lassen und in Würfel schneiden. Gewürzgurken ebenfalls würfeln. Beides auf Teller verteilen. Durchgesiebte heiße Brühe mit gequollenem Aspikpulver vermischen und in die Teller gießen. Kalt stellen.

Tip: Mit kalter Remouladensoße und mit Bratkartoffeln servieren.

Würstchensülze

300 g magerer
Schweinebraten,
1 Paar Wiener
Würstchen,
8 Blatt Gelatine,
½ l fettfreie
Fleischbrühe,
¼ l Apfelwein,
Salz, Pfeffer,
½ Zwiebel,
4 Tomaten,
je 1 Bund Petersilie
und Dill,
4 Eßlöffel Essig.

Den kalten Schweinebraten in Würfel und die Würstchen in Scheiben schneiden. Die Fleischbrühe erhitzen und die eingeweichte Gelatine darin auflösen. Etwas abkühlen lassen, dann den Apfelwein dazugeben. Mit Salz, Essig und Pfeffer würzen. Die Zwiebel hineinreiben und die Sülze kaltstellen. Tomaten enthäuten und das Fleisch in Würfel schneiden. Petersilie und Dill hacken. Wenn die Sülze zu gelieren beginnt, Bratenstücke, Würstchen, Tomatenwürfel und die Kräuter unterrühren. In einer kalt ausgespülten Form erstarren lassen.

Fleischkuchen

Für den Hefeteig:
500 g Mehl,
1 Würfel Hefe,
etwas Zucker,
⅛ bis ¼ l Milch,
½ Teelöffel Salz,
100 g Butter, 1 Ei;
für die Füllung:
500 g Hackfleisch,
1 eingeweichtes
Brötchen,
1 Ei, 1 Zwiebel,
Salz, Pfeffer;
zum Bestreichen:
Butter, 1 Eigelb.

Einen Hefeteig herstellen, gehen lassen, dann fingerdick ausrollen. Mit zerlassener Butter bestreichen. Hackfleisch mit ausgedrücktem Brötchen, Ei, gehackter Zwiebel, Salz und Pfeffer verkneten. Fleischmasse auf den Hefeteig streichen. Aufrollen. Nochmal gehen lassen. Den Fleischkuchen mit Eigelb bestreichen und bei Mittelhitze goldgelb backen.

Tip: Man serviert den Kuchen warm oder kalt mit Remouladensoße und Salat.

Bratwurstkranz

300 g Mehl, 20 g Hefe,
1 Teelöffel Zucker,
⅛ l lauwarme Milch,
1 Ei, 50 g Butter,
500 g Bratwurst.

Einen Hefeteig herstellen, gehen lassen. Auf einer bemehlten Fläche rechteckig ausrollen. Die Bratwürste der Länge nach darauflegen. Teig über den Würsten zusammenklappen. Die Teigrolle in eine gefettete Kranzform legen. Im Backofen bei 190 °C etwa 50 Minuten backen, bis die Kruste schön knusprig braun ist.

Tip: Dazu gibt es Sauerkraut und Bier.

Griebenplätzchen

200 g Grieben,
150 g Zucker,
200 g Mehl,
je 1 Teelöffel Zimt
und Nelken,
1 Eßlöffel Rum,
1 Prise Salz,
1 bis 2 Eier,
abgeriebene Schale von
½ Zitrone.

Die krossen Grieben durch die feine Scheibe des Fleischwolfes drehen. Mit den übrigen Zutaten zu einem Mürbeteig verarbeiten. 30 Minuten kühl stellen. Dann den Teig auf bemehlter Fläche dünn ausrollen. Sterne, Kreise oder Ringe ausstechen. Bei 200 °C in 10 bis 15 Minuten hellbraun backen.

Wild- und Geflügeldelikatessen

Wildpastete

1 ¼ kg Wildfleisch (Hase, Reh),
1 ¼ kg (Wild-) Schweineleber,
500 g geräucherter fetter Speck (ohne Schwarte),
125 g Weizenmehl, 1 Ei,
¼ l Madeira,
½ Gläschen Weinbrand,
½ l Fleischbrühe,
4 schwach gehäufte Eßlöffel Salz,
2 gestrichene Eßlöffel weißer Pfeffer,
1 Eßlöffel Curry,
½ Teelöffel gemahlenes Lorbeerblatt,
Schweineschmalz.

Wildfleisch, Leber und Speck roh ganz fein durchdrehen. Die übrigen Zutaten dazugeben und gut durchkneten. Die Farce in gut ausgefettete Gläser oder Dosen füllen und bei 98°C in 2 Stunden einkochen.

Tip: Je nach Geschmack können Sie auch weniger Salz, Pfeffer und Curry nehmen.

Rehpfeffer

Fleisch von den Schlegeln und Bauch-lappen,

Das von Häuten befreite Fleisch in Würfel schnei-den und in heißer Butter anbraten. Mit Brühe ablöschen. Gewürze dazugeben. Zugedeckt 15

etwas Butter,
etwas Brühe,
Wacholderbeeren,
Salz, Pfeffer.

Minuten schmoren lassen. In Gläser füllen und bei 98 °C 60 Minuten sterilisieren.

Tip: Statt Reh- können Sie auch Hasenfleisch nehmen.

Rehfleischpastete

750 g Rehfleisch (vom Vorder- oder Hinter-schlegel, Bauchlappen),
Wasser,
300 g Speck (oder Schweinebauch),
100 g Butter,
50 g Morcheln, 2 Eier,
4 Eßlöffel Südwein,
Saft von 1 Zitrone,
Salz, weißer Pfeffer,
Pastetengewürz.

Schlegel und Bauchlappen in wenig Wasser garen. Das Fleisch ablösen und die Knochen auskochen. Speck oder Schweinebauch in der Brühe aufkochen und erkalten lassen. Mit dem Wildfleisch zweimal fein durchdrehen. Die Masse mit Knochenbrühe geschmeidig machen. Butter schaumig rühren, Eier und kleingeschnittene Morcheln dazugeben. Zur Fleischmasse geben. Mit Südwein, Zitronensaft, Salz und Gewürzen abschmecken. Die Pastete in Gläser füllen und bei 98 °C in 1 ½ Stunden einkochen.

Hasenpastete

1 Hase,
Butter,
500 g Schweineleber,
750 g Speck,
1,5 kg vom Hasenrücken,
1 Dose Trüffeln,
Salz, Pfeffer,
1 Messerspitze Majoran,
½ Teelöffel Thymian,
3 dicke Zwiebeln.

Den Hasen in Butter weichschmoren. Die Leber in Streifen schneiden. Zusammen mit dem Hasenrücken und Speck ganz fein durchdrehen. Zwiebelwürfel in Butter glasig dünsten. Zusammen mit den Gewürzen und den Trüffeln zur Fleichmasse geben. Mit Hasenbrühe zu einem glatten Teig verarbeiten. Die Farce in Dosen oder Därme füllen und bei 80 °C 1 Stunde ziehen lassen.

Wild- und Geflügeldelikatessen

Hasenpaste

Reste vom Hasenbraten,
Butter,
feingehackte Zwiebeln,
Soßenrest,
Salz, Maggi.

Das Hasenfleisch ganz fein durchdrehen. Zwiebeln in Butter bräunen. Hasenfleisch und Zwiebeln mit dem Soßenrest verrühren, so daß eine streichfähige Masse entsteht. Mit Salz und Maggi abschmecken.

Tip: Diese Hasenpaste ist ein köstlicher Brotaufstrich.

Statt Hasenfleisch können sie auch anderes Wildbret nehmen (zum Beispiel Reh).

Wildschweinsülze

1,5 kg Wildschweinfleisch aus der Keule,
2 Kalbsfüße,
½ l Wasser,
¼ l Weißwein,
¼ l Weinessig,
2 Zwiebeln,
Wacholderbeeren,
Lorbeerblätter, Salz.

Die Kalbsfüße mit Wasser, Wein und Weinessig aufsetzen. Das Wildschweinfleisch dazugeben und garkochen. Das Fleisch in Würfel schneiden. Die Brühe durchsieben und entfetten. Das Fleisch in Gläser füllen, mit Brühe begießen. Bei 98 °C in 1 ½ Stunden einkochen.

Geflügelleberpastete

250 g Geflügelleber
(von Hähnchen, Pute
oder Gans),
je 250 g Schweine- und
Kalbfleisch,
250 g Speck (ohne
Schwarte),
nach Geschmack Salz
und weißer Pfeffer,
etwas Curry,
je 1 Teelöffel Basilikum
und Majoran,
1 Prise Knoblauchsalz,
½ Glas Weißwein,
3 kleine Zwiebeln,
50 g Butter.

Schweine- und Kalbfleisch sowie Speck in feine Streifen schneiden. Gewürze und Salz mischen. Zwei Drittel der Gewürzmischung sowie den Wein darüber verteilen. 3 Stunden zugedeckt im Kühlschrank ziehen lassen. Geflügelleber mit den restlichen Gewürzen einreiben. Leber und feingehackte Zwiebeln in Butter anbraten. Alle Zutaten zweimal ganz fein durchdrehen und gut durchkneten. In ausgefettete Dosen oder Gläser füllen und bei 98 °C in 2 Stunden einkochen.

Truthahnwurst

1 kg Truthahnfleisch
(von den Knochen
befreit),
50 g Mandeln,
1 Tasse Fleischbrühe,
knapp 1 Eßlöffel Salz,
Pfeffer, Muskat,
Piment,
1 Gläschen Sherry.

Das rohe Truthahnfleisch ganz fein durchdrehen. Die enthäuteten, gehackten Mandeln mit den übrigen Zutaten dazugeben. Gut durchkneten und abschmecken. Die Wurstmasse in Gläser füllen und bei 98 °C in 1 Stunde einkochen.

Hühnerpörkölt

2 kg Hühnerfleisch,
2 kg Zwiebeln, Butter,
Paprikagewürz,
Hühnerbrühe, Salz,
Tomatenmark,
1 rote Paprikaschote.

Das Fleisch in Würfel schneiden und zusammen mit den geviertelten Zwiebeln in Butter anschmoren. Mit Paprika würzen und mit Hühnerbrühe aufgießen. Das Fleisch halbweich kochen. Mit Salz und Tomatenmark abschmecken. Paprikaschote entkernen, in Streifen schneiden und dazugeben. Hühnerpörkölt in Gläser füllen und bei 98 °C in 1 ½ Stunden einkochen.

Tip: Hühnerpörkölt wird warmgemacht zu getoastetem Brot gegessen.

Helle Diätwurst

250 g Geflügelfleisch,
250 g Kaninchenfleisch,
250 g Kalbfleisch,
je 125 g mageres Rind-
und Schweinefleisch,
1 Eßlöffel Salz,
2 Teelöffel gemahlener
weißer Pfeffer,
1 Teelöffel Zucker,
2 Eßlöffel Sahne,
1 Messerspitze Muskat,
einige Spritzer
Worcestersoße.

Das Fleisch in Würfel schneiden und durch die mittlere Scheibe des Fleischwolfes drehen. Die gemischten Gewürze darüber streuen. Die Sahne dazugeben und alles gut durchkneten. Die Wurstmasse in Gläser füllen und bei 98 °C in 130 Minuten sterilisieren.

Rezeptregister

Rezeptregister

Notizen

Notizen

Notizen

Notizen